후회 버리는 습관

인생을 다시 쓰는 루틴의 기적

후회 버리는 습관

한근태 지음

습관은 재정의가 필요하다

퀴즈를 하나 낸다.

피로와 피곤의 차이를 아는가?

비슷한 말처럼 보여 단번에 대답하는 사람이 드물지도 모르겠다. 한자를 써보면 차이를 느낄 수 있다. 피곤(疲困)의 곤(困)은 상자 안에 나무가 갇혀 있는 형태이다. 피로(疲勞)는 '일할 노(勞)' 자가 들어가는데, 노동조합이나 근로 같은 단어에 쓰이는 이 한자에는 '힘 역(力)' 자가 부수로 들어 있다.

한마디로 피로는 일해서 힘든 육체적 고통이고, 피곤은 갇혀 있는, 정신적 고통을 일컫는다.

이를테면 엔지니어들이 실험할 때 '피로 테스트'라는 것을 한다. 플라스틱 샘플을 가혹한 조건에서 흔들고 당기면서 언제 끊어지는지 관찰하는 것이다. 한편 업무로 만난 상대에 대해 "그 사람 참 피곤해." 이렇게 말하지 "그 사람 참 피로해." 이렇게 이야기하지 않는 것처럼 비슷한 말 같아도 따져보면 많이 다르다.

그렇다면 사람들은 언제 가장 피곤할까?

내 경우는 대중교통을 오래 이용하면 피곤하다. 이를테면 KTX나 SRT를 타고 부산에 다녀오면 너무 피곤하다. 이상하다. 내가 기차 안에서 하는 일은 딱히 없다. 그냥 앉아 있을 뿐인데 왜 이렇게 피곤할까?

직장생활의 경우에도 피로와 피곤의 비율은 30 대 70 정도 된다. 대부분 책상 앞에 앉아 있기 때문에 육체적으로 힘들지 않지만 업무와 인간관계로 인한 '피곤'이 70퍼센트 정도 차지한다.

피로와 피곤은 해소법도 완전히 다르다. 피로할 때는 쉬는 것이 최선이다. 잠을 자거나 누워 몸을 편안하게 하는 것이 좋다. 하지만 피곤할 때는 가만히 있는 것보다 움직이는 편이 낫다. 운동하거나 몸을 놀리면서 땀을 흘리면 정신에 찌든 찌꺼기가 분출되는 것 같다.

당신은 오늘 피곤한가, 피로한가?

◆ ● ◆ ● ◆

공부란 무엇일까?

내가 생각하는 공부는 애매모호함에서 명료함으로 가는 길이다. 공부를 하지 않으면 반투명 안경을 쓰고 세상을 보는 것과 비슷하다고 생각한다. 그런 면에서 공부의 시작은 언어에 대한 명료함을 가지는 것이다.

공부뿐만 아니라 무슨 일이건 가장 먼저 해야 할 일이 있다. 어젠다(Agenda) 혹은 그 문제를 정확하게 재정의하는 것이다.

재정의란 그 개념을 명확하게 하는 것이다. 많은 사람이 어떤 숙제가 주어져도 처음부터 무엇인지 정확하게 생각하지 않는다. 출발이 명확하지 않으니까 해결까지 진행하는 과정의 방향이 자꾸 빗나간다.

자기계발도 마찬가지이다. 내 삶을 업그레이드하기 전에 자기계발을 재정의할 필요가 있다.

우선 개발과 계발의 차이를 구분해야 한다. 두 단어 역시 비슷해 보여도 완전히 다른 의미를 지닌다.

개발(開發)은 '열 개(開)'와 '펼 발(發)'이 합쳐진 단어인데, 말 그대로 열고 편다는 의미이다. 도시나 광산을 개발할 때 쓰이는 바로 그 단어이다. 영어로는 '디벨롭먼트(Developement)'이다.

계발(啓發)은 '계몽(啓蒙)' 같은 단어에 쓰이는 '계(啓)' 자가 쓰이는데, 파자하면 집 호(戶), 칠 복(攵), 입 구(口)로 '입과 몽둥이를 통해서 깨운다.'는 의미이다. 잠자는 영혼을 깨우는 것이 계몽이고, 영어로는 '인라이트먼트(Enlightment)'이다.

자기계발에 개발이 아닌 계발이 쓰이는 이유도 '알고 있지만 잊고 있던 것, 알고 있지만 실천하지 못하는 것'을 깨우쳐주기 때문이다.

자기계발도 자기만의 재정의가 중요하다고 언급했다.

내가 생각하는 자기계발의 정의는 끊임없이 자기를 갈고닦아 빛이 나게 만드는 것이다.

현재 나이가 마흔 즈음이라고 하면 부모가 주신 몸과 마음을 건강하게 지니고 있는가? 잘 갈고닦아 빛을 내고 있는가, 아니면 방치하고 있지 않은가?

자기계발의 반대말은 방치이다. 내버려두는 것이다. 공부도 하지 않고, 운동도 게을리하고, 아무렇게나 살고 있는 것이다. 많은 사람이 자기가 지닌 잠재력을 썩히고 묵힌 채 하루하루 살아간다. 바람직하지 않다.

내 경우 자기계발 하면 가장 먼저 떠오르는 이미지가 있다. 자동차 정비소이다. 그곳을 방문하면 '닦고 조이고 기름 치자.'라는 슬로건이 쓰여 있다. 나는 그 말이 참 좋다. 자동차도 관리하지 않고 운행하면 그을음이 끼고, 나사가 느슨해져 삐거덕거린다.

사람도 마찬가지이다. 마음을 닦고, 몸을 조이고, 공부로 정신을 기름지게 해야 한다.

자기계발과 관련해 떠오르는 사자성어가 있다.

옥불탁 불성기 인불학 부지도
玉不琢 不成器 人不學 不知道

"옥은 쪼지 않으면 그릇을 만들 수 없고, 사람은 배우지 않으면 도가 무엇인지 모른다."는 뜻이다. 단단한 옥으로 그릇을 빚듯이 끊임없이 공부하지 않으면 제대로 된 사람이 되지 못한다는 의미이다. 옥이나 돌을 갈고닦아 빛을 낸다는 '절차탁마(切磋琢磨)'도 비슷한 말이다.

◆ ◆ ◆ ◆ ◆

그렇다면 자기관리에 성공했다는 것을 어떻게 증명할 수 있을까?

조선시대에 사람을 뽑는 네 가지 기준인 '신언서판(身言書判)'을 소개하고 싶다.

신(身)은 생긴 모습이다. 언(言)은 말하는 것, 서(書)는 그 사람이 쓴 글이고, 판(判)은 판단력이다. 그런데 네 가지 조건 중에 제일 먼저 신이 나온다. 그 사람의 몸과 얼굴을 보면 그동안 어떻게 살아왔는지 전체가 보인다.

얼굴은 무엇일까? 얼굴의 어원은 '얼꼴'이다. 얼이 담긴 그릇이 얼굴이라는 것이다. 우리가 자기 관리하지 않고 맨날 술 마시고 담배 피우고 운동도 멀리하고 게으르게 살면 좋은 얼굴과 몸을 가질 수 없다.

관상도 그렇다. 내가 생각하는 관상은 그 사람이 자주 짓는 표정의 결과물이다. 나쁜 생각과 행동만 일삼는데 좋은 얼굴을 가지기는 어렵다. 자기계발의 결과는 그 사람의 몸과 얼굴이다.

말하는 것 역시 그 사람의 인생을 고스란히 드러낸다. 그 사람 말이 그 사람이다. 말은 생각의 표출이다. 나쁜 생각을 하고 있는데 좋은 이야기를 하는 것은 단기적으로 가능해도 장기적으로는 불가능하다.

글쓰기와 판단하는 것도 자기계발의 결과물이다. 공부를 한 사람의 글은 다르다. 논리정연하고 호소력이 있다. 판단력도 마찬가지이다. 자기계발에는 여러 유형이 있는데, 나는 성경에 나온 버전을 좋아한다. 가장 유명한 일화는 '달란트의 비유'이다.

예수가 여러 사람에게 달란트를 준다. 달란트는 그 당시 돈이다. 예수는 얼마 후 돌아와 사람들에게 달란트를 어떻게 했는지 묻는다. 어떤 사람은 장사를 해서 큰돈을 벌고, 어떤 사람은 이자 놀이를 하고, 어떤 사람은 그냥 묻어놓았다. 누가 가장 크게 야단을 맞았을까? 바로 달란트를 가만히 내버려둔 사람이다. 예수는 그 사람에게 게으른 종이라고 질책한다.

달란트는 '탤런트'라는 말이다. 재능이고 잠재력이다. 인간은 누구나 재능을 지니고 있다. 그런데 재능은 가만 놔두면 성장하지 못한다. 자꾸 갈고닦아야 빛을 발할 수 있다. 결국 자기계발이란 부모가, 신이 주신 자기 재능과 강점을 제대로 갈고닦아 자기와 사회를 위해 발현하는 것이다.

자기계발을 하지 않고 방치하면 어떤 일이 벌어질까?

굳이 설명하지 않아도 알 것이다. 공부하는 대신 평생 분서갱유의 삶을 살았다고 생각해보라. 그 사람이 올바른 생각을 할 수 있을까? 쉽지 않다. 결국 이 모든 것은 그 사람이 살아온 증거이자 살아갈 비전인 자기계발의 '습관'에서 비롯하고 표현된다.

◆ ■ ◆ ■ ◆

그 사람의 습관을 보면 그 사람의 미래를 알 수 있다.

습관이라는 것은 그 사람이 입은 옷과 똑같다. 당신의 삶이라는 옷장에는 버려야 할 습관과 새로 익혀야 할 습관이 가득하다.

나는 《후회 버리는 습관》을 통해 10단계의 변화를 모색하는 '습관의 재정의'를 소개할 것이다.

우선 자기 자신만의 습관을 재정의해 새로운 습관을 '배게' 하는 것이 그 출발점이다.

두 번째 단계는 방향을 설정하는 것이다. 내가 어떤 가치를 추구하고, 어떤 일을 할 때 기쁘고 좌절하는지, 자기의 약점을 보완하고 강점에 집중해 적은 시간을 투자해 생산성의 효과를 높일 수 있는지 스스로 길을 '찾는' 것이다.

세 번째 단계는 시간 관리이다. 결국 인생은 시간이다. 시간의 우선순위를 파악해 얼마나 효과적이고 효율적으로 사용하느냐에 따라 인생은 한 단계 올라갈 수도 있고, 정체할 수도 있다.

네 번째 단계는 독서이다. 많은 사람이 책을 읽지 않고, 읽더라도 제대로 된 독서법을 모른다. 무슨 책을 읽는가 하는 것도 중요하지만 어떻게 책을 읽어서 내 자산으로 만들 것인가, 하는 문제가 중요하다.

다섯 번째 단계는 메모이다. 메모는 기억이 아니라 잊기 위해 반드시 필요한 습관이다. 좋은 아이디어는 휘발성이 강하다. 순식간에 나왔다 순식간에 사라진다. 당신이 무심코 적은 한 줄의 아이디어가 삶을 뒤흔드는 기적의 순간을 이야기하고 싶다.

여섯 번째 단계는 글쓰기이다. 내 인생을 바꾼 여러 사건이 있지만 그중 하나가 글을 쓰기로 결정하고 계속 쓴 것이다. 글쓰기가 무엇이고, 왜 중요하고, 어떻게 써야 하고, 어떻게 글을 잘 쓸 수 있는지 다양한 이야기를 통해 새로운 인생을 쓸 수 있는 습관의 힘을 이야기하고 싶다.

일곱 번째 단계는 관계이다. 관계의 품질이 인생의 품질이다. 관계가 나쁘면 인생은 어려워지고 관계가 좋으면 인생은 밝아진다. 당신이 만나는 사람이 바로 나 자신이라는 사실을 일깨우는 관계의 대전환을 함께 모색하고 싶다.

여덟 번째 단계는 질문이다. 무슨 질문을 던지면서 사느냐 하는 것이 그 사람의 인생을 좌우한다. 답변보다 어려운 것이 질문이다. 문제를 내는 것이 푸는 것보다 어렵고 중요하다. 현재 당신은 어떤 질문을 던지고 있는가? 지금 질문으로 충분하다고 생각하는가? 인생을 바꾸기 위해서 어떤 질문을 던져야 한다고 생각하는가?

아홉 번째 단계는 건강이다. 지식이 아니라 몸이 먼저이다. 건강한 몸을 위해서 운동, 음식, 수면에 관한 다양한 사례와 세상 이야기를 나눌 것이다. 편안함이 인간의 건강을 위협하는 오늘날, 조금 불편하고 부족한 삶의 습관이 불러오는 기적을 함께 목격할 것이다.

마지막 단계는 언어이다. 그 사람이 쓰는 언어가 그 사람의 생각이고, 바로 그 사람이다. 그 사람이 자주 쓰는 말, 쓰면 안 되는 말이 무엇인지, 어떻게 말해야 하는지 삶의 모든 습관이 발화하는 '말'의 이야기로 '습관의 재정의'를 마무리할 것이다.

습관의 재정의는 하나로 '정의'되지 않는다. 이를테면 건강은 충분한 수면이 밑바탕 돼야 하는데, 불면의 원인에는 불안한 세상, 걱정, 관계의 어려움이 도사리고 있다. 자기 자신을 공부하지 않고, 스스로 질문하지 않으면 변화할 수 없고, 건강까지 해칠 수 있는 것이다.

습관은 우리가 관계 맺고 있는 모든 시간과 공간 속에 뫼비우스의 띠처럼 이어져 있다.

당신의 인생을 재정의할 수 있는 습관의 새로운 내일로 한 걸음 들어가 보자.

| 차례 |

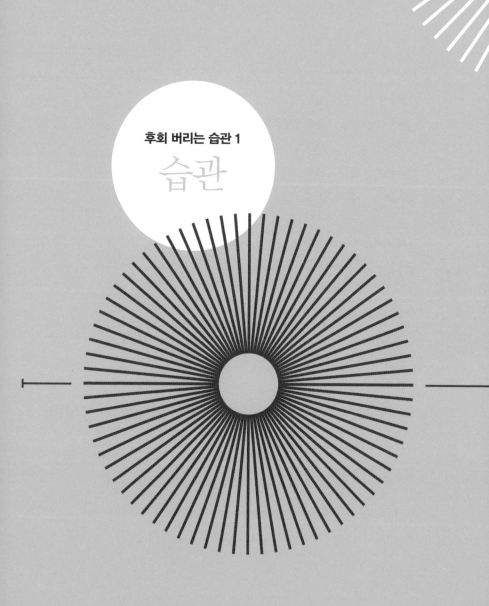

후회 버리는 습관 1

습관

배다

습관을 습관하라

문제점과 현상의 차이를 아는가?

예를 들어 음식점을 운영한다고 가정해보자. 그런데 아무리 애를 써도 손님이 뜸하다. 그렇다면 장사가 안 되는 것은 문제점일까, 현상일까?

장사가 안 되는 것은 문제가 아니다. 문제점으로 인한 현상이다. 음식 맛이 없든지 주방이 더럽든지 주인과 종업원이 친절하지 않든지 가게 위치가 좋지 않든지 여러 문제의 결과가 엮여 장사가 어려운 것이다. 그런데 많은 사람이 문제를 '해결'할 생각을 하지 않고, 자신을 짓누르는 잘못을 '해소'하지 못한 채 자꾸 현상을 공격한다. 문제는 반복된다.

내가 살아가는 오늘 하루가 증명하는 습관의 풍경

여기에서 해결과 해소의 차이를 잠깐 짚어보겠다.

해소(解消)는 '스트레스 해소한다.' 할 때의 그 해소이다. 해소는 현상을 없애는 것, 해결(解決)은 문제의 근본원인을 없애는 것이다. 예를 들면 상사한테 야단을 맞아 기분이 상했을 때 친구에게 전화해서 험담을 쏟아붓는 행동은 해소이다.

"우리 부장님 너무 이상해….." 수십 분 동안 이야기하고 나면 기분은 조금 풀린다. 하지만 문제점이 해결된 것은 아니다. 화가 솟구쳐 술로 기분을 달랠 때도 마찬가지이다. 술 마시고 나면 문제가 조금 해결된 것 같지만 사실 해결된 것은 하나도 없다. 잠깐 해소됐을 뿐이다. 한마디로 현상을 공략하는 것은 해소, 원인을 없애는 것은 해결이다.

살다 보면 많은 일이 발생하는데 그 원인을 들여다보면 대부분 습관에서 비롯한다. 건강이 대표적이다. 그 사람 습관을 보면 건강 상태를 짐작할 수 있다. 한밤중에 수시로 야식을 먹거나 폭식하거나 매일 술을 마시면 그 결과물은 비만이다. 비만은 다이어트 약 같은 것을 먹는다고 해결되지 않는다. 단기적으로 해결되는 것 같아도 금세 요요 현상이 와 살이 찌고 건강이 나빠진다.

그런 면에서 자기 인생을 변화시키고, 한 단계 업그레이드할 때 제일 먼저 살펴봐야 할 것이 바로 습관이다. 내가 가진 습관을 나열하고, 버려야 할 습관과 새롭게 익혀야 할 습관을 만드는 것이 매우 중요하다. 습관의 중요성은 아무리 강조해도 지나치지 않는다.

나는 엔지니어에서 저자와 강사로 삶의 궤도를 바꾼 사람인데, 최근에 1년 동안 책을 5권 이상 계속 쓰고 있다. 그렇다고 남들보다 특별하게 열심히 한 것도 아니다. 그래서 한번 따져봤다. 내가 어떤 방식으로 생산적인 삶을 살 수 있었을까? 바로 습관이다.

예를 들면 나는 일찍 자고 일찍 일어난다. 저녁 8시 반쯤 잠자리에 들어 이튿날 3시 반쯤 일어난다. 새벽에 일어나면 항상 차를 마시면서 글을 쓴다. 얼추 5시간 정도 작업하는 것 같다. 새벽 3시에서 8시 사이에는 전화나 카톡은 오지 않는다. 방해하는 사람도 없다. 술 한잔하자고 전화하는 사람도 없다. 아무 방해가 없다. 변수도 없다. 그때 집중적으로 일할 수 있다.

나는 주중과 주말 구분이 없다. 똑같다. 5시간 정도 일하고 나면 머리가 뜨거워서 더 이상 일할 수 없다. 그러면 동네에 위치한 헬스장에 간다. 헬스장에서 운동을 하면 공부하는 시간과 비슷하다. 굉장히 힘든 운동을 하지만 뇌가 활발하게 움직인다. 그다음 점심을 먹는데, 주로 약속이 정해져 있다. 저녁 약속을 하지 않기 때문에 대부분 외부인은 점심에 만난다. 점심 이후에는 슬렁슬렁 지낸다. 산책도 하고, 넷플릭스 영화도 보고, 낮잠

"아무에게도
방해받지 않는
자기만의 시간을
설계하라."

도 자고…. 별다른 일상은 거의 없다. 따지고 보면 일반인보다 훨씬 적은 시간을 일하는 셈인데, 지적인 아웃풋을 꾸준히 생산해낼 수 있는 비결은 내가 가진 좋은 습관 덕분이라는 것이 내 가설이다.

몸에 배지 않는 것은 습관이 아니다

습관이란 무엇인가?

습관이 왜 중요한가?

그렇다면 어떤 습관을 버리고, 익혀야 할까?

다른 모든 것과 마찬가지로 습관도 재정의가 중요하다. 습관(習慣)은 '익힐 습'과 '밸 관'이 합쳐진 단어이다. 익히고 익힌 것을 자기 몸에 배게 한다는 의미이다.

습(習)을 조금 더 파자해보면 날개 우(羽)와 흰 백(白)으로 나눠지는데, 여기에서 백은 '작은 새'를 뜻한다. 작은 새가 날갯짓을 하는 것이다. 작은 새는 처음부터 날지 못한다. 끊임없이 나는 연습을 해야 비로소 하늘 높이 비상할 수 있다.

아는 것과 몸에 익히는 것은 완전히 다르다. 수영 강습 비디오를 한 번 봤다고 수영할 수 있는가? 불가능하다. 골프 레슨을 아무리 시청해도 곧장 필드에 나갈 수 있는가? 말도 되지 않는다. 아는 것하고, 아는 것을 몸에 익히는 것은 완전히 다른 차원이다.

사실 요즘 사람들은 모르는 것이 없다. 아는 것이 너무 많다. 네이버나 구글만 검색해도 모든 정보를 파악할 수 있기 때문에 자신이 정말 어떤 사실을 안다고 착각하는 것이다. 한 번 보고 들어본 것을 안다고 착각한다. 엄밀한 의미에서 본 것은 아는 것이 아니다. 아는 것과 실제로 내 것으로 소화해 익히는 것과는 상관관계가 없다. 제아무리 아는 것이 많아도 소용없다. 아는 것을 익혀서 내 것으로 만드는 것이 중요한데, 그게 바로 '습'이다. 대부분 사람들은 '습'을 전혀 하지 않고 '학'만 한다. 아는 것이 많아 보여도 실제 실천하는 것은 별로 없다.

습과 짝을 이루는 관은 몸에 배어드는 것을 의미한다. 친절의 중요성, 경청의 중요성을 모르는 사람은 없다. 누구나 만나는 사람에게 미소를 머금고 반갑게 인사해야 한다는 사실을 안다. 그런데 누구는 실천하고 누구는 실천하지 않는다. 머리로 알고 있지만 손과 발로 전달되지 않는 것이다. 그 분기점이 바로 몸에 배는 것이다. 만나면 자동으로 인사하고, 웃고… 인식하지 않고 저절로 할 수 있어야 한다. 이것이 몸에 밴다는 것의 재정의이다.

그러니까 습관은 '배우고 익혀서 몸에 배게 하는 것'이다. 몸에 배지 않은 것은 습관이 아니다. 영어로 습관은 '해빗(ha-bit)'이다. 'habit'은 옷이라는 의미인데, 습관은 옷과 같다는 뜻이 아닐까. 사람들은 대부분 옷을 입고 있다는 사실을 인식하지 않는다. 옷처럼 내 몸에 붙어 있는 것이 습관이다.

결국 그 사람이 가진 습관이 바로 그 사람이다. 당신은 어떤 하루를 보냈나? 몇 시에 자고 몇 시에 일어났나? 일어나자마자 혹시 담배를 피우거나 TV를 보지 않았나? 일정 안에 운동, 독서, 글쓰기가 있나? 타인도 마찬가지이다. 좋은 사람, 나쁜 사람, 생산적인 사람, 비생산적인 사람 구별할 필요 없다. 그 사람이 가진 습관을 보면 된다.

감정도 습관이다

흔히 습관과 관련해서 정신력을 운운하는 경우가 많다.

그렇다면 정신력은 또 무엇인가? 스탠퍼드 대학교 스포츠의학센터 디렉터인 야마다 도모(山田知生)가 쓴 《스탠퍼드식 최고의 피로회복법》에는 정신력을 '지루함을 견디는 능력'으로 정의한다. 나는 정신력보다 습관에 의존해야 한다고 생각한다. 습관이 곧 내 자신이다.

습관과 관련해 많은 격언이 있다. "처음에는 당신이 습관을 만들고 나중에는 습관이 당신을 만든다.", "마흔이 넘으면 습관과 결혼한다." 개인적으로 '성상근 습상원(性相近 習相遠)'이라는 말이 떠오른다. 천성은 별 차이가 없지만 습관에 따라 큰 차이가 생긴다는 뜻이다. 성(性)은 그 사람의 성향을 일컫는데, 사람의 본질은 다 비슷비슷하다. 하지만 습관에 따라 인생이 굉장히 달라질 수 있다. 사람들은 공부를 잘하든 못하든, 건강이 좋든 나쁘든, 성격이 불같든 온화하든 큰 차이가 없지만 어떤 습관을 가지느냐에 따라 완전히 다른 사람이 된다.

변화된 삶을 살기 위해서는 정신력에 의존하는 대신 습관을 바꿔 그 습관에 의존해야 한다. 아주 명확하다.

습관과 관련한 격언 중 가장 인상적인 말은 '가장 재미있게 글을 쓰는 저널리스트'라고 불리는 빌 브라이슨(Bill Bryson)이 《바디, 우리 몸 안내서》에서 쓴 "습관을 이용한 자살에는 오랜 시간이 걸린다."는 문장이다.

습관을 이용한 자살? 말 자체는 자극적이지만 곰곰이 생각하면 정말 맞는 말이다. 병은 갑자기 오는 경우도 있지만 대부분 그 사람이 가진 나쁜 습관의 결과물이다. 대표적인 습관을 이용한 자살이 바로 흡연이다. 담배를 피울 때 무슨 큰 목적이 있는 것은 아니다. 반드시 앞으로 폐암에 걸리겠다고 생각하는 사람도 없다. 그냥 습관이다. 우연히 담배를 배웠고, 중독되어 끊지 못한 채 하루하루 살아갈 뿐이다. 하지만 그 사소한 습관의 결과는 어떤가?

정신과 의사 박용철이 쓴 《감정은 습관이다》라는 책이 있다. 오래전 읽었는데 매우 인상적이었다. 핵심 내용은 제목 그대로 감정도 습관이라는 것이다. 예를 들면 이런 것이다. 어떤 사람은 우울한 것이 본질적 감정이다. 우울한 것이 편하고, 우울하지 않으면 불편하다. 그래서 기쁘다가도 내가 이러면 안 되지 하면서 우울 쪽으로 향한다는 것이다. 일리가 있다.

이 책에는 연예인의 마약이나 도박 같은 습관에 관한 사례도 나온다. 사실 나는 부족할 것 없어 보이는 이들이 왜 위험한 습관에 빠져드는지 이해하지 못했다. 이 책의 해석이 흥미롭다.

연예인은 굉장한 인기를 누리고 산다. 나도 딸들을 따라 유명 가수의 콘서트에 간 적 있는데, 수만 명의 팬이 엄청난 소리를 지르면서 환호했다. 가수가 물병 하나를 드는 동작에도 흥분했다. 가수는 2~3시간 동안 열광의 도가니 속에서 어마어마한 사랑을 받는다. 엄청나게 강력한 자극이다. 그런데 인기는 영원할 수 없다. 이들은 인기가 떨어지면 견디지 못한다. 늘 수많은 사람의 엄청난 관심에 둘러싸여 있기 때문에 그 정도 자극이 없으면 견디지 못한다. 그런데 그 정도 자극과 맞먹는 것이 도박이나 마약이어서 연예인은 손쉽게 유혹에 넘어간다는 것인데, 어느 정도 이해되는 측면이 있었다.

모든 습관은 복리로 인생을 지배한다

습관은 단순히 일찍 자고 일찍 일어나는 생활뿐만 아니라 감정도 지배한다.

그렇다면 습관의 특성은 무엇일까?

습관의 가장 큰 특성은 '복리'라는 점이다. 예를 들어 살아가면서 어떤 충동이나 유혹 앞에서 한 번 포기하고, 두 번 접으면 이내 기하급수적으로 늘어 내 인생 자체를 지배한다는 것이다.

처음에는 아주 사소하게 시작한다. 처음부터 마약중독자가 되려고 결심하는 사람은 없다. 처음에는 호기심으로 마리화나를 피우고, 그다음 해시시에 손대다 점점 강력한 자극에 중독되는 것이다. 담배나 술도 마찬가지이다. 좋은 습관이든 나쁜 습관이든 모두 복리로 작용한다. 당신이 습관을 만들고 그 습관이 당신을 만든다.

성공한 사람들은 다르다. 가장 혁신적인 작가이자 투자가로 평가받는 팀 페리스(Tim Ferriss)가 쓴 《타이탄의 도구들》은 다양한 석학, 기업가, 협상가, 작가 등의 습관을 정리한 책이다.

이 책을 읽으면서 성공한 사람들은 아침에 일어나면 자기 이부자리를 정성스럽게 정리한다는 부분이 인상적이었다. 자고 난 흔적을 정리하는 것이 뭐 그렇게 대단할까? 너무 우습고 사소해 보인다. 하지만 그 사소한 시작이 큰 차이를 만든다.

성공한 사람들은 늘 아침에 일어나면 명상을 하거나 스트레칭을 하고 글을 쓴다. 하지만 어떤 사람은 일어나자마자 라디오나 TV를 켠다. 어떤 사람은 눈을 뜨자마자 담배부터 찾는다. 특별할 것이 없는 하루의 다양한 출발은 자칫 사소해 보인다. 그런데 시간이 지나면서 달라진다. 격차가 벌어진다. 처음에는 사소하지만 습관은 복리로 작용하기 때문에 5년, 10년이 지나면 삶의 양상이 완전히 달라진다.

나는 일주일에 4일 정도 운동을 한다. 내 습관을 아는 사람들은 요즘도 운동하느냐고 묻는다. 그러면 나는 거꾸로 요즘도 식사하느냐고 물어본다. 당신은 운동하는 것이 힘든가, 하지 않는 것이 힘든가? 나는 운동하지 않는 것이 더 힘들다. 당신은 책 읽는 것이 힘든가, 읽지 않는 것이 힘든가? 나는 읽지 않는 것이 힘들다. 당신은 새벽에 일찍 일어나는 것이 힘든가? 나는 늦게까지 누워 있는 것이 훨씬 힘들다. 이것이 바로 습관의 힘이다.

내 경우는 아침에 일어나면 가만히 있는 것이 가장 힘들다. 새벽에는 무조건 글을 써야 한다. 멍하니 시간을 보내는 것이 정말 힘들다. 얼마 전 어머니가 몸이 편찮으셔서 주말마다 본가에 가서 하룻밤을 보냈다. 그럴 때마다 나는 노트북을 꼭 챙겨 갔다. 새벽 3시에 눈이 떠지는데 우두커니 보내는 것이 힘들었다. 나는 그 시간에 글을 써야만 한다. 내게는 글을 쓰지 않는 게 정말 힘들다. 특별한 것이 아니라 평소 습관대로 하는 것뿐이다.

습관은 오랜 시간에 걸쳐 복리로 작용한다고 강조했지만 습관과 관련해 가장 중요한 진리는 '주기적으로 습관을 바꾸는 습관'을 가져야 한다는 것이다.

내가 요즘 들이고 싶은 새로운 습관은 '한 템포 늦게 말하기'이다. 대화하거나 강연할 때 말이 너무 빠르다는 피드백을 받았는데 정말 고치고 싶었다. 그래서 의도적으로 천천히 말하려고 노력한다.

'서두르지 않기'도 습관으로 하고 싶다. 서두르지 않으려면 미리미리 준비해야 한다. 예전에는 화가 나면 따발총처럼 쏘았는데 요즘은 그렇게 하지 않는다. 어느 정도 습관이 됐다.

'기분이 안 좋을 때 하루 묵힌 후 답하기'도 습관으로 하려고 한다. 나는 저녁에는 이메일도 확인하지 않고, 문자메시지에도 답하지 않는다. 늦은 시간에 대답하고 나면 아침에 후회하는 경

"습관의
가장 중요한 진리는
주기적으로
습관을 바꾸는 습관을
가지는 것이다."

우가 많다. 뭔가 기분이 안 좋을 때는 하루 묵힌다. 대부분 하룻밤 지나고 나면 화가 확연히 줄어든다.

참다운 변화는 절박함, 인내, 습관으로 거듭난다

그렇다면 좋은 습관을 어떻게 만들 것인가?

좋은 습관을 만들기 전에 반드시 해야 할 일이 있다. 자기가 가진 나쁜 습관을 버려야 한다. 누구나 나쁜 습관 하나는 가지고 있다. 담배를 끊지 못하거나, 폭식을 하거나, 기분이 상하면 앞뒤 가리지 않고 화를 내거나, 한 번 생활이 무너지면 바닥을 짚거나….

삶의 변화에는 방향성도 중요하지만 순서가 우선한다. 따라서 자기가 가진 습관을 꼽아보고 반드시 버려야 하는 습관을 세 가지 골라 버린 다음에 좋은 습관을 들이면 좋다.

그렇다면 좋은 습관을 위해 가장 필요한 것은 무엇일까?

절박함이다. 이 마음이 가장 중요하다. 내 주변에 배가 남산만 한 사람들이 많이 있다. 퇴직한 뒤 날마다 산에도 오르지만 나잇살인지 배가 들어가지 않는다고, 자기도 나처럼 날씬해지고 싶다면서 조언을 구한다. 나는 조언하기 전에 얼마나 '절박하게' 살을 빼고 싶은지 묻는다. 그중에서 70퍼센트는 절박하지 않다. 견딜 만한 것이다.

내가 생각하는 변화의 재정의는 세 가지이다.

첫째, 참다운 변화는 간절히 원하는 것을 얻기 위한 절박함이 필요하다. 둘째, 엄청난 고통을 감내해야 한다. 셋째, 그것을 새로운 습관으로 만들어내는 것이다.

셋 중에서 가장 중요한 것이 바로 절박함이다.

담배를 여전히 못 끊는 이유 또한 아직은 별문제가 없기 때문이다. 만일 암 진단을 받고 병실에 누워 있다면 금연하지 않을 사람이 있을까. 그런데 몸이 고장 나기 전까지는 절박하지 않은 것이다. 남산만 한 배를 줄이지 못하는 것도 여전히 절박하지 않은 것이다. 나는 비만에 시달리면서도 견딜 만한 70퍼센트에게 그냥 지금처럼 살라고 에둘러 경고한다.

둘째, 고통을 참을 수 있어야 참다운 변화를 도모할 수 있다.

이를테면 건강한 몸을 만드는 것은 굉장한 고통이 따른다. 운동만 해도 무척 힘이 든다. 먹고 싶은 욕구도 참아야 한다. 실제로 많은 사람이 간식이나 야식 같은 음식의 유혹 앞에서 무너진다. TV만 틀면 온갖 음식 이야기가 차고 넘쳐 더욱 견디기 힘들다.

나도 먹는 것을 좋아하지만 저녁 6시 이후에는 음식을 입에 대지 않으려고 무척 애를 쓴다. 내가 저녁 9시 이전에 잠자리에 드는 것도 허기가 한몫을 한다. 배가 고파서 일찍 잔다.

셋째, 참다운 변화는 절박함과 인내를 새로운 습관으로 만들어낼 수 있어야 한다.

나는 동네 헬스장에 10년 이상 다니고 있는데 다양한 회원을 만날 수 있다. 기억에 남는 한 회원이 있다. 그 사람은 살을 빼기 위해 헬스장에 다니는데 정작 운동하는 시간보다 거울에 몸을 비춰보는 데 더 많은 시간을 할애했다. 30분 남짓 땀을 흘렸다고 해서 몸이 변화하지 않을 텐데 수시로 점검하는 모습이 이해되지 않았다. 그래도 두세 달 꾸준히 운동해 몸이 조금씩 변화했다.

하지만 그때부터 그 사람 모습을 볼 수 없었다. 아마 자기 나름대로 목표를 달성했기 때문이라고 짐작했다. 그러나 이듬해 그 사람은 몸이 더 나빠진 상태로 돌아왔다. 그리고 두세 달 후 몸 상태가 좋아지면 그만두고 이듬해에 조금 더 나빠진 상태로 돌아오기를 반복했다.

변화의 핵심 키워드는 '습관'이다. 그 사람에게 운동은 하기 싫지만 할 수 없이 해야 하는 귀찮은 일로 인지되어 있는 것이다. 운동이 의무이지 습관으로 자리 잡지 못한 것이다.

・ ・ ◆ ◆ ◆ ・ ・

습관을 습관하지 않으면 어떤 것도 이룰 수 없다.

사람들은 흔히 생각의 힘, 정신력의 중요성을 이야기한다. 내 생각은 다르다. '생각'보다 '습관'이 중요하다고 생각한다.

생각이 많다는 것이 무슨 뜻일까?

나는 행동을 생각으로 대신하는 것이라고 해석한다. 일종의 게으름이다. 감히 이런 이야기를 하고 싶다.

생각을 줄여라.

생각은 일종의 공회전이다. 생각 대신 하고 싶은 것을 습관으로 만들어 습관에 복종해야 한다.

나는 골프를 좋아하는데, 골프에는 헤드업을 비롯해 하지 말라는 요소가 정말 많다. 그런데 하지 말라는 것을 생각하다 보면 더욱 엉터리 샷을 하게 된다. 골프를 잘하려면 생각을 멈추고 몸에 기억시켜야 한다. 몸에 배어야 할 것을 머리가 대신하면서 실수를 되풀이하는 것이다.

습관을 습관하는 또 다른 방법은 실행력을 높이는 것이다.

내가 생각하는 실행력의 정의는 시작이다. 생각났으면 바로 시작하면 된다. 운동해야겠다고 생각하면 바로 팔굽혀펴기를 하거나 곧장 밖으로 나가 1시간 걸으면 된다. 실행력의 반대 말은 '미루기'이다. 미루는 사람은 대부분 게으르다. '미루기'는 영어로 '프로크레스티네이트(Procrastinate)'인데, 이 단어에는 '벼락치기'라는 뜻도 포함돼 있다. 미루면 벼락치기를 할 수밖에 없다. 벼락치기는 효과가 떨어진다. 벼락처럼 배운 지식은 벼락처럼 빠져나간다. 다이어트도 그렇다. 벼락처럼 갑자기 뺀 살은 벼락처럼 다시 찐다. 효용성이 없다.

새로운 습관을 위해서는 일단 시작하라. 작은 것부터 실천하는 것도 좋다. 헬스장에 등록하는 대신 하루에 팔굽혀펴기를 한 번 하겠다고 결심하고 실행한다. 그러면 어떤 결과가 나타날까? 팔굽혀펴기는 한 번으로 끝나지 않고, 이왕 시작한 김에 적어도 열 번은 하게 된다. 그러니까 작은 것부터 하나하나 시작해야 한다. 오늘부터 계단을 걸어 올라가야지 생각하지 말고 그냥 올라가면 된다.

마지막으로 습관을 습관하기 위해서는 '주기적으로 습관을 바꾸는 습관'을 기르는 것이 좋다. 일정한 기간 동안 반복한 습관을 되돌아보고 보다 나은 습관으로 변화를 도모하는 것이다.

습관과 관련해서 조심해야 할 것이 하나 있다. 자신을 어떤 사람으로 한정 짓는 것이다.

지인 중에 늘 자신은 어릴 적부터 야행성이고 운명이나 마찬가지여서 바꿀 수 없다고 이야기하는 사람이 있다. 예순 살이 넘은 지금도 새벽 2시가 넘어 잠자리에 드는 그 사람은 늘 몸이 찌뿌듯하고 피곤에 찌들어 보인다.

그 사람의 야행성 습관은 바꿀 수 없는 진실일까?

나는 동의하지 않는다. 나 역시 오랫동안 새벽이 밝아야 잠이 들었지만 지금은 그 시간에 깨어나 가장 집중해야 하는 일을 처리한다. 젊은 시절 담배를 많이 피웠지만 금연한 지 20년이 넘어간다. 책도 거의 읽지 않았지만 지금은 내 삶의 중심이 되었다.

내가 반드시 버려야 할 습관을 골라 버리고, 끊임없이 주기적으로 내 인생에 이로운 습관을 '행동하면서' 습관을 습관한 결과가 바로 지금 내가 도착한 현재 모습인 것이다.

후회 버리는 습관 2

방향 설정

찾다

약점을 보완하기 전에 강점에 집중하라

어느 고층아파트에서 발생한 일이다. 정전이 와서 엘리베이터가 작동하지 않는다. 중국 음식을 배달하는 사람이 28층에 위치한 집까지 힘들게 걸어 올라간다. 초인종을 누르고 보니 주문한 집이 아니다. 옆 동과 착각한 것이다. 할 수 없이 다시 28층을 걸어 내려가 그만큼 다시 올라가야 한다. 최선을 다해 애썼지만 성과는 별로이다.

그렇다면 배달원에게 무엇이 문제였을까? 목적지를 확인하지 않은 결과 방향을 잘못 잡은 것이다. 인생도 그렇지 않을까? 이를테면 큰돈을 버는 것이 목표인 사람이 있다. 실제로 큰돈을 벌었지만 그 과정에서 가족과 친구를 멀리해 모두 주변을 떠나고 건강마저 해치고 말았다. 모든 것이 사라지고 돈만 남은 것이다. 생각보다 주변에 이러한 경우가 많은데, 그 사람들은 대부분 '이럴 줄 몰랐다.'고 이야기한다.

누구나 그렇듯 인생을 알고 시작하는 사람은 없다. 나도 마찬가지이다. 어릴 때부터 부모님께 "공부 열심히 해야 한다. 좋은 대학교 입학해야 성공한다." 하는 말을 당연하게 받아들였다. 그 기대에 어긋나지 않게 살았지만 내가 맞닥뜨린 세상은 달랐다. 아무리 좋은 대학교에 입학했어도, 유학을 떠나 박사학위를 받고 돌아왔어도 내 인생이 엄청나게 달라지지 않았다. 나는 어른이 된 이후에 부모가 인생에 대해 거짓말했다는 것을 실감했다.

성공은 시간을 대가로 원한다

나는 늘 내가 제대로 살고 있는가, 하는 생각을 많이 한다.

공부도 마찬가지이다. 오랫동안 공부에 매진했지만 남들이 하니까 나도 한다는 의무감에 시달리면서 나와 맞지 않다는 생각을 계속했다. 하지만 너무 많은 시간이 지났고 후회해도 달라질 게 없다고 생각하면서 남들과 마찬가지로 취직했다.

직장생활을 누구보다 열심히 하고 운이 겹쳐 서른아홉 살에 누구나 부러워하는 대기업 임원 자리까지 올랐다. 임원이 되면 좋은 점이 많다. 자동차가 제공되고 비서가 일정을 관리해주고 별도의 사무실도 마련된다. 급여도 많이 오른다. 그런데 새로운 사실이 있다. 시간이 부족하다. 아니 부족하다 못해 거의 없다고 해도 과언이 아니다.

회사는 당시에 부평에 있었다. 내가 보필하는 회장은 해외 출장을 자주 다녔는데, 금요일이나 토요일 저녁에 귀국했다. 그러면 회사에서 임원들에게 '위수 지역 이탈 금지령'을 내렸다. 휴대전화가 없던 시절이라 전화하면 연락이 닿을 수 있도록 집에 머물라고 이야기한 것이다. 나는 친구들과 약속이 생겨 술자리라도 생기면 회사에 별일 없냐고 전화를 걸어야 했다.

한 번은 회장이 도착했으니 저녁 8시까지 회사로 나오라는 지시가 떨어졌다. 나는 주말인데도 자리를 털고 부랴부랴 회사로 가야 했고, 새벽 1시까지 회의가 이어졌다. 모두 피곤에 절어 있는데 회장은 회의를 마치면서 임원들에게 내일 일정이 있는지 질문했다. 일요일이지만 누구 하나 교회에 가야 한다거나 결혼식에 참석해야 한다는 말조차 꺼낼 수 없었다. 하나같이 별일 없다고 이야기하면 회장은 아침 9시까지 회사로 나오라고 말했다. 잠시 눈 붙일 새조차 없었다.

그때 나는 임원이라는 자리가 달갑지 않았다. 경제적으로 윤택할지 몰라도 시간적으로 완전히 노예라는 생각이 떠나지 않았다. 이것이 내가 원하는 삶은 아니라는 사실은 명명백백했다. 임원을 그만둔 가장 큰 이유도 그 생각 때문이었다.

현재 원하는 삶을 살고 있는지 확인할 수 있는 질문이 있다.

만일 당신에게 1년밖에 시간이 남지 않았다는 선고를 받으면 어떤 변화를 주고 싶은가?

이 질문 앞에 당신은 지금 잘살고 있는지 무엇이 부족한지 되돌아볼 수 있을 것이다.

1년이라는 시간의 선택지 앞에서 사람들은 직장을 그만두고 시골로 내려가겠다고 결심하는 등 다양한 변화를 갈망할 것이다. 나는 거꾸로 묻고 싶다. 그렇다면 왜 지금 그렇게 하지 못하는가?

내 경우는 지금 원하는 일을 하면서 살고 있기 때문에 만일 1년짜리 시한부 선고를 받아도 지금처럼 살다 가고 싶다.

삶의 방향성을 묻는 네 가지 질문

자기계발에서 가장 중요한 것은 내 자신이 어떤 사람인지 확인하는 것이다.

사실 내가 어떤 사람인지, 어떤 사람이 되고 싶은지 아는 것이 가장 어렵다. 사람들은 대부분 죽는 날까지 무엇을 좋아하고 싫어하는지, 자기가 어떤 사람이고 어떤 가치를 추구하는지 제대로 알지 못한 채 죽어간다. 이것을 찾아내는 것이 삶의 방향성의 핵심이다.

삶의 방향성을 찾는 데 도움이 되는 네 가지 질문이 있다.

첫째, 살면서 가장 뿌듯했던 사건은 무엇이고, 언제 보람을 느끼냐, 하는 질문이다.

둘째, 현재 무엇을 할 때 가장 신이 나느냐, 하는 질문이다. 사람마다 즐거워하는 지점은 다르다. 회사 업무를 볼 때 신바람이 나는 사람도 있고, 친구들과 등산을 가거나 술자리를 가질 때 기분이 가장 좋은 사람도 있기 마련이다.

셋째, 앞으로 어떻게 살고 싶나, 하는 질문이다. 은퇴하면 과수원을 운영하면서 늙고 싶다든지 저마다 꿈꾸는 내일이 있을 것이다.

넷째, 당신이 견디지 못하는 것은 무엇인가, 하는 질문이다. 이 질문이 중요하다. 내 경우는 답답하고, 기다리는 것을 견디지 못한다. 특히 교통 체증을 가장 싫어하는데, 경부고속도로에서 양재까지 진입할 때 수많은 차가 뒤엉킨 모습을 보면 한숨이 나온다. 헬기라도 타고 날아가고 싶다. 그래서 자주 여행하지 않는다. 어머니는 내 유난스러운 모습을 보고 "남들도 다 그러면서 다닌다."고 핀잔하지만 어쩔 수 없다. 길이 막히고, 사람이 붐비는 것이 나는 싫다.

찾다

내가 회사를 그만둔 이유도 답답해서이다. 사실 회사를 그만 둔다는 것은 굉장한 모험이다. 자칫하면 가족 전체가 길바닥에 나앉을 수 있다. 하지만 당시에는 너무 답답하고 미래가 보이지 않아 매일같이 사직서를 썼다 지웠다. 나는 고민을 거듭하다 사주를 보러 갔다. 역술가는 내 사주에 불이 많다면서 '화'가 많은 사람은 머리는 좋지만 인내심이 없고 지루하고 갑갑한 일을 견디지 못한다고 풀이했다. 그러면서 내가 돌아다니면서 다양한 종류의 일을 해야지 직장에서 한 가지 일을 하는 것은 부적합한 사람이라고, 어떻게 지금까지 직장생활을 했냐고 되물었다. 너무 정확했다. 그것이 처음으로 내가 어떤 사람인지 생각하게 한 사건이다. 다른 사람들은 별다른 불만 없이 다니는 직장을 왜 나는 그렇게 힘들어했는지 조금은 알 수 있었다.

공부 중 가장 중요한 공부는 자신에 대한 공부이다. 인생에 정답은 없다. 모든 사람에게 해당하는 답은 없다. 사람은 저마다 다르다. 자기가 어떤 사람인지 아는 데 가장 많은 시간을 할애해야 한다.

자기를 아는 방법은 여러 가지이지만 다양한 사람과 어울리는 것도 중요한 길잡이가 된다. 내 경우는 직장생활 속에서 스스로에 대해 많은 것을 알 수 있었다. 다양한 업무와 인간관계 속에서 내가 이런 것은 잘하고, 이런 것은 서툴고 견디지 못한

A Habit of Abandoning Regret

"당신의 삶이 놓인
방향을 묻는다 :
당신이 지금 가장
견디지 못하는 것은
무엇인가?"

다는 '견적'을 알아낼 수 있었고, 수많은 고민 끝에 그만둘 수 있는 용기를 얻을 수 있었다.

포기는 또 다른 선택일 수 있다

인생은 내비게이션과 같다.

운전하면 가장 먼저 목적지를 설정한다. 그러면 내비게이션이 현재 위치를 파악해주고 다양한 선택지를 늘어놓는다. 운전자는 고속도로든 국도든 앞으로 가야 할 길을 선택하면 된다.

인생도 그런 것 같다. 인생에서 가장 중요한 질문은 두 가지이다. 내가 향하는 목적지가 어디이고, 현재 위치는 어떻게 되는가.

목적지를 설정하는 것과 현재 위치를 파악하는 것 중 어느 것이 더 어려울까?

현재 위치를 파악하는 것이 훨씬 어렵다. 사실 내가 생각하는 나는 별로 중요하지 않다. 남들이 나를 어떻게 보고 평가하느냐 하는 것이 중요하다. 그런데 요즘에는 가족 구성원이 단출해지면서 '에고'가 강한 사람이 굉장히 많다. 자기 자신에 대한 확신이 커지면서 무엇이든 할 수 있다고 생각한다.

현실은 그렇지 않다. 생각과 달리 세상에 도사린 장애물이 많아 좌절하는 경우가 더 많다. 무엇이든 할 수 있다는 생각은 솔직히 교만이다. 어떻게 무엇이든 할 수 있나, 말이 되지 않는 소리이다. 《피로 사회》를 쓴 재독 철학자 한병철은 이러한 착각 때문에 사는 것이 힘들다고 주장한다. 이 책의 핵심이 "너무 과도한 목표를 설정하고 자기를 너무 과대평가하면서 스스로 못살게 굴고, 스스로를 결국 죽인다."는 것이다. 그래서 많은 사람이 피로하다.

타인이 나를 착취하는 것은 해결할 수 있지만 자기가 자신을 착취하는 것은 손쓸 도리가 없다. 현대인이 공황장애나 우울증에 시달리는 이유도 이 때문이다. 자기 자신에 대한 파악이 잘못되었고, 스스로에 대한 현실적인 인식이 부족하기 때문이다. 따라서 가장 중요한 공부는 자신에 대한 공부이다. 앞서 말했듯이 내가 어떤 사람이고, 언제 즐겁고 무기력해지는지, 무엇을 좋아하고 견딜 수 없는지 공부해야 한다. 문제는 많은 사람이 자신을 공부 대상으로 삼지 않는다.

우리 사회에는 잘못된 통념이 많은 것 같다. 포기가 그렇다. 많은 사람이 포기하는 것을 나쁘게 생각한다. 심지어 '포기란 포기김치 할 때나 쓰는 말이다.'라고 비웃는 사람까지 있다. 과연 포기가 나쁜 것일까?

나는 그렇게 생각하지 않는다. 나는 포기는 또 다른 선택이라고 생각한다. 포기는 그 일이 내게 맞지 않을 수 있고, 그 사람과는 인연이 닿지 않는다는 말일 수 있고, 아직은 때가 아니라는 메시지일 수 있다. 포기한다는 것은 또 다른 선택이고, 포기를 하지 않으면 또 다른 선택을 할 수 없다는 말이다.

개인적으로 "열 번 찍어 안 넘어가는 나무 없다."는 속담을 싫어한다. 아무리 힘들어도 도끼로 나무둥치를 찍고 또 찍으면 언젠가는 쓰러질 테지만 그때까지 어마어마한 비용을 써야 한다. 그 비용을 감당할 수 있는가? 그 일이 그 비용과 시간을 쓸 만큼 가치 있는 일일까?

20년 동안 사법고시나 행정고시에 도전해 결국 합격한 사람들 기사가 가끔 실린다. 언론에서는 끈기의 상징으로 그 사람을 소개한다. 누군가는 그 사람을 높이 평가하지만 내 생각은 다르다. 20년 세월을 투자할 만큼 그 일이 그렇게 가치가 있었을까, 그 사람이 공부할 동안 뒷바라지는 누가 했을까, 만약 가족이 있었다면 공부하느라 건사할 수 없었을 텐데 그게 과연 바람직할까…. 나는 그 20년이 너무 아깝다.

한 사람의 인생은 방향 설정이 굉장히 중요하다. 나는 그 사람이 그렇게 오래 공부에 매달린 이유가 자신에 대한 성찰이 부족했기 때문은 아닐까, 생각이 든다.

방향 설정과 관련해 당부하고 싶은 이야기는 두 가지이다.

후회 버리는 습관 2

현재 당신은 어떤 사람이고, 당신이 가고자 하는 목표는 무엇인가? 그리고 그 목표가 얼마나 합리적인가? 달성할 수 있는지, 헛된 꿈을 꾸고 있지는 않은지, 너무 엉뚱한 곳에 돈과 시간을 쓰고 있는 것은 아닌지 깊이 살펴볼 필요가 있다.

왜 방향성이 중요할까?

내 취미 중 하나가 언어를 인수 분해하는 것이다. 한자를 파자한다든지 영어를 나눠 보는 것을 좋아한다. 그렇게 하다 보면 그 안에 들어 있는 옛사람들의 지혜가 드러난다.

'디제스터(disaster)'라는 영어 단어가 있다. 우리말로는 재앙, 한자로는 '災殃'이다. '디제스터'는 '디스(dis)'와 '에스터(aster)'로 인수 분해할 수 있다. 에스터는 별, 디스는 디스어피어(disappear), '사라진다.'는 뜻이다. '별이 사라진다.'는 의미이다.

서양인이 생각하는 재앙은 별이 사라지는 것이다. 목표 상실이다. 나침반이 개발되기 전에 사람들은 무엇을 보고 방향을 잡았을까? 북극성이다. 별을 보고 방향을 잡았다. 그런데 갑자기 먹구름이 끼거나 모래바람이 몰아치면 별이 보이지 않는다. 별

자리가 사라진 뒤 열심히 길을 찾지만 처음부터 방향성이 잘못됐다. 목표 지점과 오히려 더 멀어질 수 있다.

동양인은 다르다. 재앙(災殃)이라는 한자를 보라. 재(災)는 불과 물이다. 불난리, 물난리가 재앙의 하나이다. 앙(殃)은 '중앙 중(央)' 자와 '죽을 사(死)' 자가 합쳐진 단어이다. 중앙이 사라지는 것이 재앙이다. 중국은 중앙을 굉장히 중시한다. 오랫동안 중앙집권적 국가를 운영했기 때문에 조직력이 상실되는 것을 가장 두려워하지 않았을까.

중심을 잃고, 목표를 상실하는 것. 그런 면에서 누구나 자기 목표를 점검할 필요가 있다.

대부분 어린 시절부터 장래희망에 관한 질문을 받는다. 그러면 변호사가 되겠다, 판사가 되겠다 등 직업을 목표로 설정하게 된다. 중요한 것은 그것이 내가 원하는 일인지, 그 방향이 정말 나한테 맞는지, 혹시 잘못된 방향을 향해 전력 질주하는 것은 아닌지 질문할 수 있어야 한다.

목표는 방향 설정이 굉장히 중요하다. 대표적으로 우리가 하는 일과 성공을 생각해보자.

X축은 좋아하는 일과 싫어하는 일이다. Y축은 성공과 실패이다. 이를 통해 네 가지 행렬이 나온다.

가장 안 좋은 경우는 싫어하는 일에서 실패하는 것이다. 아주

흔한 경우이다. 싫어하면 실패하기 쉽다. 가장 좋은 경우는 무엇일까? 당연히 좋아하는 일에서 성공하는 것이다. 좋아하니까 몰입하고 성공 확률 또한 저절로 높아지는 것이다.

두 가지 경우가 남았다. 우선 싫어하는 일에서 성공하는 것이다. 확률은 낮지만 성공해도 별로 행복하지 않을 것이다. 차라리 좋아하는 일에서 실패하는 것이 나을 수 있다.

'이키가이(いきがい, 生甲斐)'라는 일본어가 있다. '일의 보람'이라는 뜻을 지닌 이 단어 안에는 일의 네 가지 측면이 나온다. 좋아하는 일, 잘하는 일, 돈이 되는 일, 사회에 보람이 있는 일이다. 사람들이 가진 직업은 대부분 잘하는 일과 돈이 되는 일에 몰려 있다. 자신이 좋아하고, 사회에 유익한 일을 하는 경우는 드물다. 만일 내가 하는 일이 네 가지 모두 해당한다면 어떨까? 내가 좋아하고, 잘하고, 돈이 되고, 사회에 유익하다면 그 자체로 인생은 몹시 행복할 것이다.

나는 여러 가지 일을 한다. 책을 소개하는 일, 책을 쓰는 일, 책을 중심으로 토론하면서 학습시키는 일, 글쓰기에 관심이 있는 사람을 모아 가르치는 일, 기업 임원이나 팀장을 교육하는 비즈니스 코칭과 자문, 컨설팅 등 헤아릴 수 없이 많다. 직장생활을 하던 시절에는 이런 분야가 있는지조차 인지하지 못했다. 살다 보니 이렇게 다양한 일을 하는데, 지금은 대부분 내가 좋아하고 잘하는 일이다. 사회에 유익하고 돈도 된다.

내가 하는 일은 대부분 상호의존적이다. 책을 소개하는 일은 책을 쓰는 데 도움이 되고, 내가 쓴 책으로 독서토론을 하면서 사고가 확장하고, 새로운 인연을 맺으면서 또 다른 자극을 받는다. 이 중에서 처음부터 좋아하거나 잘한 일은 없었다.

책 소개만 해도 그렇다. 20년 전 처음으로 CEO를 대상으로 하는 지식 사이트에 책 소개 영상을 부탁받았다. 처음에는 그 요청이 탐탁지 않았다. 서평보다는 내 콘텐츠를 가지고 이야기하고 싶었다. 하지만 주어진 일이어서 책을 열심히 읽고 요약해 8분 분량의 동영상을 제작했다. 1~2년 동안은 별다른 재미나 보람을 느낄 수 없어 그야말로 의무감으로 버텼다. 그런데 시간이 지나면서 신기한 현상이 나타났다.

첫 번째는 저자의 피드백이었다. 단순한 감사 인사를 넘어 만남을 요청하는 경우도 있었다. 한 저자는 식사 자리에서 "실제 책 내용보다 책 소개가 훨씬 더 좋고 유용합니다. 정말 고맙습니다." 하고 진심으로 고마워했다. 나는 처음으로 책 소개가 정말 괜찮은 일이라는 사실을 발견했다.

두 번째는 지식의 축적이었다. 책을 읽을 수밖에 없는 환경은 고통스럽지만 얻는 게 많았다. 사실 업체에서 서평을 요구하는 책은 내가 원하는 책 이외에도 절대 읽지 않았을 종류가 많았다. 그런데 생소한 책에서 새롭게 배우는 내용이 많았고, 다양한 지식이 차곡차곡 쌓이면서 내가 집필하는 책의 원재료가 됐다. 내가 책을 40권 이상 쓸 수 있었던 원동력에는 바로 '책 소개'가 있었다.

세 번째는 책을 압도적으로 요약하고, 쓰다 보니까 책을 중심으로 한 교육 요청이 점점 많아졌다. 그러다 보니 다양한 사람과 이야기를 나누면서 자연스럽게 리더십이 함양되고, 내 자신을 객관적으로 노출하면서 성장하는 것을 느꼈다. 돈과 보람을 동시에 잡은 것이다.

이제 나는 책을 요약하고 소개하는 일을 좋아한다. 특히 책을 필사하고 그 내용을 중심으로 메시지를 전하고 내 의견을 붙이는 작업은 조각 같은 예술 행위라는 생각까지 한다. 처음에는 존재조차 몰랐던 이 일의 가장 큰 수혜자는 책을 심도 있게 읽은 나 자신이었다. 책을 요약하면서 내 안에 수많은 삶의 지혜를 각인한 것이다.

약점을 개선하지 말고 강점에 집중하라

좋아한다는 것은 무슨 뜻일까?

처음부터 좋아하는 일이 있을까?

처음에 좋아하다가 나중에는 싫어지고, 처음에는 별로였지만 결국 좋아하게 된다면 이유는 무엇일까?

처음에는 책을 요약하고 소개하는 일을 좋아하지 않았던 내 변화를 생각해본다. 꾸준히 하다 보니까 내게 도움이 되고, 다른 사람의 피드백도 받고, 지식이 축적하면서 내 책을 쓰게 되고, 무엇보다 이 일이 경제적인 문제까지 해결해주니까 좋아하게 된 것 같다.

결국 무슨 일이든 오랜 시간이 걸린다. 무엇을 좋아하기 위해서는 시간이 필요하다. 하지만 많은 사람이 자신이 좋아하는 일이 무엇인지 모른다. 여행, 쇼핑, 음식 등 남들이 좋아하는 것을 자신도 좋아한다고 생각한다. 엄밀한 의미에서 이것은 좋아하는 것이 아니다. 누구나 본능적으로 좋아하는 이것은 일이 아니고 취미일 뿐이다.

내가 이야기하는 '좋아하는 것'은 평생을 걸고 하는 일을 말한다. 무엇을 좋아하기 위해서는 무슨 일이 주어지든 열심히 해야 한다. 시간과 에너지를 투자해야 한다. 남들보다 생산적으로 성과를 낼 수 있어야 한다. 좋아하는 일을 찾는 것은 아주 어렵고 긴 시간이 필요한데 이를 쉽게 생각한다. 조금 시도하다 그만두고 다른 일을 찾는다. 메뚜기처럼 왔다 갔다 하면서 좋아하

"자신이 진정

원하는 것을 알고,

좋아하려면

오랜 시간이 필요하다."

는 일을 찾는다. 그래놓고 자신과 맞지 않는 일이라고 변명한다. 손쉽게 돈을 벌어 여행 다니면서 살고 싶다고 볼멘소리를 한다. 끊임없이 삶의 '방향'을 찾지 못하고 '방황'하는 것이다.

모든 사람에게 삶의 방향성을 찾는 것은 평생의 숙제이다.

처음부터 방향성을 찾기는 어렵지만 일단 명확해지면 삶이 충만해진다.

나 또한 예전에는 방향성에 대해 생각하지 않았다. 생각할 엄두조차 내지 못했다. 남들이 하니까 따라했다. 남들이 인정하는 대학교에 입학하고, 미국으로 유학해 박사학위를 받고, 남부럽지 않은 회사에 취직했다. 일을 못하지 않았지만 억지로 밥값 정도는 한다는 심정이었다. 당연히 시너지가 나지 않았다. 좋아하지 않으니까 퇴근하면 마음의 셔터를 내렸다. 더 이상 생각하고 싶지 않았던 것이다. 그런데 이 일이 내 일이라는 생각을 한 후에는 생각이 달라졌다. 내가 좋아하는 일이기 때문이다.

이러한 과정을 통해 내가 깨달은 핵심은 약점을 개선하는 대신 강점에 집중하라는 것이다. 이것이 가장 중요하다. 대부분 강점 대신 약점을 보완하려고 노력한다. 약점은 배 바닥에 난 구멍과 같다. 구멍을 메우지 않으면 배는 언젠가 가라앉는다. 하지만 구멍을 메웠다고 배가 잘 나가지는 않는다. 강점은 돛이다. 돛을 높이, 크게 달면 배는 빨리 나간다.

몇 년 전 코칭 경영원에서 진행하는 강점 교육을 받았다. 나를 위해 투자한 시간인데, 내 강점에 대해 배울 수 있는 귀한 기회였다.

내 강점은 다섯 가지였다.

첫째가 인풋(input)으로 정보 수집 같은 것이다. 새로운 지식을 배워서 내 안에 채우는 것을 좋아하는 것이다. 둘째는 러너(learner)이다. 말 그대로 배움을 좋아한다는 것이다. 셋째는 맥시마이저(maximizer)이다. 극대화를 뜻한다. 뭔가 하나를 시작하면 끝을 본다는 의미이다. 넷째는 공감[empathy]이다. 타인에게 공감하는 능력이 있다는 것이다. 마지막은 활성화[activation]이다. 분위기를 단번에 끌어올리는 능력을 말한다.

나는 교육을 통해 알게 된 강점과 내가 하는 일의 연관성을 살펴봤다.

나는 사람들과 만나 대화를 나누는 것이 주업이다. 공감능력은 필수적이다. 활성화도 그렇다. 예전부터 어느 모임이든 분위기를 잘 띄웠다. 특별히 노력하지 않았지만 내가 들어가면 분위기가 좋아지는 것을 느꼈다. 이 강점은 교육에는 결정적이다. 아무리 내용이 좋아도 분위기가 가라앉으면 곤란하다.

공부와 정보 수집을 좋아하고 극대화하는 강점은 책을 쓸 때 발휘되는 것 같다. 메모를 병적으로 좋아한다. 한 번 배운 것은 반드시 메모하고 활용하려고 한다. 배우는 것도 좋아해 운동, 코칭 능력 등 새로운 분야에 도전하고 학습하는 데 많은 시간을 쓴다.

책을 쓰는 데 결정적인 도움을 주는 강점은 극대화이다. 한 번 시작하면 끝을 봐야 직성이 풀린다. 내게 끝을 본다는 말은 책을 쓴다는 의미이다. 이를테면 한자의 어원을 깊이 공부하면서 재미를 느껴《한자는 어떻게 공부의 무기가 되는가》라는 책을 쓴 것이다. 보통 사람 같으면 단순한 재미로 느낄 테지만 나는 한자에 관한 내 생각을 극대화해 책으로 끝맺는 것이다.

◆　◆　◆　◆　◆

생산적으로 살기 위해서는 강점을 찾아 인생의 습관으로 삼아야 한다. 내가 여러 가지 일을 하면서도 생산성이 올라간 원동력은 내 강점과 하는 일이 매치되었기 때문이다.

강점은 어떻게 찾을 수 있을까?

'자신도 모르게 끌리고, 한 번 들으면 잊어버리지 않는다.', '크게 노력하지 않았는데 성과가 난다.', '자신도 모르게 그 생각을 하거나 그 일을 하면 시간 가는 줄 모른다.' 이렇다면 자신의 강점이다.

내 경우는 유학 시절 동료에게 영화 줄거리나 어린 시절 겪은 일을 잘 풀어낸다는 이야기를 자주 들었다. 일종의 스토리텔러 기질이 다분했던 것이다. 요약도 마찬가지이다. 어린 시절부터 누군가 어렵게 이야기하는 것을 내 언어로 풀어서 쉽게 설명하고는 했다. 이를테면 중학교 시절 음악 이론을 가르치던 선생님이 아이들이 제대로 이해하지 못하자 내게 설명해보라고 지시해 친구들이 고개를 끄덕여 이해한 기억이 있다. 당시에는 전혀 인식하지 못했지만 모두 내 강점이었던 것이다.

강점에 집중해야 생산성이 오른다.

생산성의 정의는 인풋 대비 아웃풋이다. 적게 투입해서 많이 생산하는 것이다.

생산성의 핵심은 단순화이다. 또 다른 하나는 집중이다. 약점을 보완하기 전에 강점에 집중해 좋아하고, 잘하고, 돈이 되고, 사회에 보람이 되는 일의 접점을 찾아야 한다. 거기에 시간과 비용, 에너지를 쏟으면 적은 노력으로도 많은 성과물을 창출할 수 있다.

후회 버리는 습관 3

시간 관리

살다

우선순위와 싸움하라

올해 어떤 계획을 세웠는가?

그 계획을 얼마나 실행했고, 이루지 못했는가?

혹시 해마다 계획을 세우지만 되풀이해서 실패하는 일이 있는가?

왜 그런 것 같은가?

사람들이 가장 자주 쓰는 인사말 하나가 "바쁘시죠?"이다.

버릇처럼 사용하는 '바쁘다.'는 말은 정확하게 어떤 의미이고, 어떻게 재정의할 수 있는지 살펴보자.

한자로 '바쁘다.'는 '바쁠 망(忙)' 자를 사용한다. "공사다망한 와중에도 참석해주셔서 감사합니다." 같은 인사를 할 때 쓰이는 그 망이다. 공적으로나 사적으로나 바쁘다는 의미가 공사다망이다. 그런데 '망' 자를 뜯어보면 마음 심(忄) 자에 죽을 망(亡) 자가 들어 있다. 마음이 죽었다는 말이다. 옛날 사람들은 바쁘다는 것을 마음이 죽었다고 표현했다. 속된 말로 '정신 줄을 놨다.'는 뜻이다. 한마디로 바쁘다는 의미는 굉장히 부정적이다.

사실 바쁜 것보다 왜 바쁜가 하는 것이 훨씬 중요하다. 내가 생각하는 바쁜 이유는 게으르기 때문이다. 미리미리 해야 할 일을 하지 않으면 게을러진다. 바빠진다.

직장생활을 하다 보면 수시로 병원에 가는 사람이 있다. 툭하면 감기에 걸리거나 몸에 이상이 생겨 업무조차 제대로 보지 못한다. 왜 그럴까? 평소 건강관리를 하지 않기 때문이다. 운동도 하지 않고 음식도 함부로 먹으면서 살다 보니까 자꾸 아픈 것이다.

어떤 사람은 걸핏하면 자동차가 고장 난다. 지각이 잦아 물어보면 자동차 수리하느라 늦었다고 둘러댄다. 왜 자동차가 자주 고장 날까? 엔진오일이며 타이어 등 정기적으로 점검하지 않았기 때문이다.

게으르면 바쁜 일이 생긴다. 해야 할 일을 하지 않으면 자꾸 바빠진다.

바쁨과 부지런함의 차이

질문을 바꿔보자.

바쁜 것과 부지런한 것은 어떤 차이가 있을까?

농사짓는 사람은 굉장히 부지런하다. 새벽같이 일어나 논물이 제대로 들어가나 살펴보고 피사리를 한다. 하지만 농사일하는 사람을 보면서 바쁘다고 생각하는 사람은 별로 없다.

바쁜 사람들은 미리미리 해야 할 일을 하지 않은 사람이다. 그래서 결과가 '바쁘다.'는 현상으로 나타난다는 것이 내 생각이다.

공부도 마찬가지이다. 시험을 앞두고 미리 공부하지 않으면 벼락치기를 해야 한다. 벼락치기는 성과도 미흡하지만 배운 것이 내 안에 남지 않는다.

바쁜 것을 방지하려면 할 일을 미리미리 처리해야 한다. 아침에 일어나서 보내주기로 한 과제를 마무리하고, 연락하기로 한 곳에 전화를 넣으면 시간에 쫓길 이유가 없다.

이와 관련해 소개하고 싶은 기업이 있다. 부산에 위치한 리노공업이다. 시가총액이 3조 원 넘고, 매출액이 3,000억 원 정도인데 영업이익률이 30퍼센트 넘는 건실한 기업이다. 사옥도 특이하다. 직접 방문한 적이 있는데, 푸른 잔디가 깔려 있어 골프장 느낌이 나는 건물 입구에 회사명과 사훈을 새긴 큰 바위가 인상적이었다. 리노공업의 사훈은 바로 'MIRI MIRI'이다. '미리미리' 고객을 만족시키고, '미리미리' 신제품을 개발하는 등 리스크가 발생하기 전에 모든 일에 미리미리 대처하라는 것이다. 지극히 상식적인 이야기이지만 실천하는 기업은 별로 없다.

내가 이 기업을 특별하게 기억하는 이유는 강사료 때문이다. 기업에서 강연을 요청하면 대부분 강연 후 지급하는데, 리노공업은 일주일 후 예정된 강연의 강사료를 미리 입금했다. 사훈이 '미리미리'이기 때문이다. 그동안 강연을 수천 번 진행했는데 사전에 강사료를 지급한 곳은 리노공업이 유일했다.

'미리미리'라는 사훈 때문에 기업 분위기는 무척 바쁠 것 같지만 실제 모습은 정반대이다. 직원은 물론 대표도 한가해 보인다. 대표는 실제로 한가하다고 고백하면서 어슬렁어슬렁 걸어다니면서 직원들과 친밀한 대화를 주고받는다.

어려운 기업일수록 굉장히 바쁘다. 호떡집에 불이 난 것 같다. 바쁜 것을 숭배하는 대신 여유 있는 것을 숭배해야 진정한 성공이 찾아온다. 그 열쇠는 바로 미리미리 준비하는 자세에서 비롯한다.

시관 관리, 자유는 벗어나는 것이 아니라 향하는 것이다

참다운 변화를 이끄는 습관의 핵심 중 하나는 시간 관리이다. 시간 관리의 핵심이 바로 미리미리 해야 할 일을 하는 것이다.

당신이 원하는 삶의 가치는 무엇인가?

내가 원하는 삶의 가장 큰 가치는 자유이다.

요즘 사람들은 자유에 대한 갈망이 더 커 보인다. 이른바 파이어(FIRE, Financially independent Retire Early) 족이 그렇다. 하루빨리 경제적으로 독립해 일찍 은퇴해서 여유로운 삶을 누리자는 것이다. 이 말의 핵심이 바로 자유이다. 돈 버느라 눈치 보고 출퇴근하면서 고생하지 말고 빨리 독립해서 하고 싶은 대로 하자는 것이다. 그래서 경제 공부를 정말 열심히 한다.

자유에는 여러 종류가 있다. 많은 사람이 돈, 경제적 자유를 우선하지만 사실 더 소중한 자유가 있다. 바로 시간적 자유이다. 직업적 자유를 꿈꾸는 사람들도 사실 시간적 자유를 꿈꾸는 것이다. 적은 시간을 쓰면서도 내가 원하는 일을 할 수 있는 것. 이 모든 것의 핵심에 바로 시간 관리가 있다.

사실 자유는 굉장히 중요하다. 자유만큼 소중한 것은 별로 없다. 그런데 사람들이 꿈꾸는 대부분의 자유는 무엇으로부터 '벗어나는' 것을 의미한다. 직장 상사로부터, 사무실로부터, 발 디딜 틈 없는 퇴근길로부터 벗어나 자유로운 것을 꿈꾼다. 그래서 주말이 오기만을 기다린다.

하지만 진정한 자유는 무엇을 '향한' 자유이다. 싫고, 힘들고, 벗어나고 싶은 것이 아니라 정말 하고 싶고, 기다리고, 기대하는 것이다. 당신에게 직장이, 일이 벗어나고 싶은 숙제가 아니라 하고 싶은 희망이라면 어떨까?

내 경우는 직업을 바꾼 후 저녁마다 내일 아침에 쓸 글과 강연과 회의 등 할 일에 대해 생각한다. 이런 이야기를 하면 좋겠다, 그래 그 격언이 여기 들어가면 안성맞춤이겠다, 머릿속으로 떠올리면 정말 행복하다. 이것이야말로 무엇을 향한 자유라고 생각한다.

시간은 스승이다

결국 인생은 시간이다.

시간을 잘 쓰면 좋은 인생이 되고, 시간을 낭비하면 나쁜 인생이 된다.

누구한테나 주어진 시간은 똑같다. 대기업 회장이라고 시간이 많은 것도 아니고, 서민이라고 시간이 적은 것도 아니다. 누구에게나 1년 365일 24시간은 공평하게 주어져 있다. 아무리 돈이 많아도 시간은 살 수 없다. 명확한 사실이다.

시간이란 무엇일까? 법정 스님은 시간을 목숨으로 정의했다. 맞는 말이다. 내게 무차별적으로 시간을 내달라는 것은 내 목숨을 내달라는 것과 똑같다.

내가 생각하는 시간은 스승이다. 가장 좋은 스승이 시간이다.

사람들은 툭하면 다툰다. 이게 옳고 저게 틀리고, 어제는 그랬고 오늘은 그렇고 당장 우열을 가리고, 따지기를 반복한다. 나는 그런 논쟁을 좋아하지 않는다. 나는 논쟁 대신 기다린 후 따질 것을 제안한다. 지금은 잘 모르지만 시간이 흘러보면 모든 것이 명약관화해진다.

일도 마찬가지이다. 지금 하는 일이 힘들어도 시간이 지나면 큰 도움이 되는 경우가 많다. 반대로 지금은 좋은 일 같지만 시간이 지난 다음 오히려 해로운 일이었다는 사실도 알게 된다.

나는 죄 중에서 가장 큰 죄가 시간을 낭비하는 것이라고 생각한다. 해야 할 일을 하지 않고 게으름 피우면서 시간을 허송한 죄가 가장 크다. 인생을 바꾸고 싶다면 방법은 간단하다. 첫째, 만나는 사람을 바꾸면 된다. 둘째, 돈과 시간을 쓰는 용도를 바꾸면 된다.

어떤 사람은 쇼핑하는 데 많은 돈을 지출하고, 어떤 사람은 책을 구입하고 공부하는 데 많은 돈을 쓴다. 처음에는 차이가 없어 보이지만 5년, 10년 지난 다음에 어떨 것 같은가? 큰 차이로 나타날 수 있다.

누구를 만나느냐 하는 것도 마찬가지이다. 친구들과 만나 술

마시고 담배 피우고 쓸데없는 이야기를 주고받는 데 많은 시간을 할애하는 사람과 혼자 책을 읽고 명상하면서 하는 일을 좀 더 업그레이드하려고 노력하는 사람은 시간이 지날수록 전혀 다른 인생과 만날 것이다. 시간을 지금 어디에 가장 할애하는지 되돌아보고, 환경을 바꾸는 것이 굉장히 중요하다.

이런 질문도 중요하다. 지금처럼 살면서 내년 이맘때 지금보다 나은 삶을 살 수 있을까, 스스로에게 묻는 것이다.

아무 일도 하지 않으면 아무 일도 일어나지 않는다. 세상에서 가장 어리석은 일은 아무 일도 하지 않으면서 기막힌 일을 기대하는 것이다. 이것이 가장 어리석다. 이 말은 아인슈타인의 이야기이다. 시간을 어디에 쓰고, 어떻게 밀도 있게 쓸 것인가, 하는 문제는 현대인에게 가장 중요한 어젠다이다.

시간 관리는 곧 인생 관리이다.

현재 쓰는 시간의 우리의 미래이다

그 사람이 현재 시간 쓰는 모습을 보면 그 사람 미래가 보인다.

지금 사는 형편이 만만치 않고, 마음에 들지 않는다면 과거를 한 번 들여다보라. 당신은 시간을 어디에 썼는가? 현재는 과거

"아무 일도 하지 않으면
아무 일도 일어나지 않는다.
가장 어리석은 일은
아무 일도 하지 않으면서
기대하는 것이다."

의 연장선상에 있다. 갑작스러운 변화나 행운은 존재하지 않는다. 대박 운운하는 사람치고 제대로 된 사람은 별로 없다.

변화는 과정 안에 있는 것 같다. 조금씩 변하는 것 같다. 현재 사는 모습이 마음에 들지 않았다면 과거에 시간을 잘못 썼을 가능성이 높다. 해야 할 일을 하지 않고 하지 말았어야 할 일을 했을 가능성이 높다.

미래도 마찬가지이다. 미래 역시 현재의 연장선상에 있다. 그중 핵심은 시간 관리이다. 현재 어디에 시간을 쓰는지 보면 미래를 짐작할 수 있다. 시간 관리에서 가장 중요한 것은 우선순위이다. 시간 관리는 결국 우선순위의 싸움이다.

우선순위를 가지려면 할 일이 있어야 한다. 목표가 필요하다. 아무 생각 없이 하루하루 사는 사람한테 시간 관리는 필요 없다. 시간 관리의 반대말은 '킬링 타임'이다. 시간을 죽이는 것이다. 특히 나이 든 사람 중에 시간을 죽이는 사람이 많다. 시간은 넘쳐나는데 딱히 할 일이 없는 것이다. 시간 관리의 전제조건은 할 일이 있어야 한다는 것이다. 책을 쓰겠다든지, 전국의 모든 산 정상을 밟아보겠다든지 목표가 생길 때 시간 관리는 유효하다.

당신의 우선순위는 '원 씽(One Thing)'이 중요하다. 세계적인 투자개발 회사 대표이자 작가인 게리 켈러(Gary Keller)가 쓴 《원 씽》이라는 책이 있다. 이 책의 핵심은 "정말 시간이 없고 너

무 바빠 한 가지 일만 할 수 있다면 무엇을 하겠느냐?"라는 질문
이다. 내 경우는 글쓰기이다. 시간이 너무 없다면 글쓰기를 선택
할 것이다. 내 삶에서 글쓰기의 우선순위가 그만큼 높은 것이다.

우선순위를 선택할 때 명심해야 할 점은 소중한 것과 급한 것
을 구분해야 한다. 둘은 비슷해 보이지만 완전히 다르다. 소중
한 것은 많다. 가족, 건강, 직업 등 모두 소중하다. 소중한 것의
특징은 하나도 급하지 않다는 사실이다. 우리가 운동을 몇 년
동안 하지 않는다고 당장 건강이 망가지는 것은 아니다. 책을
수십 년 동안 읽지 않는다고 머리에 종양이 생기는 것도 아니
다. 인간관계도 마찬가지이다. 몇 년 동안 연락이 끊겼다고 생
활에 지장을 주는 것은 아니다. 소중한 것은 대부분 급하지 않
다. 그래서 별로 신경 쓰지 않고 지내다 어느 순간 잘못됐다고
느낄 때는 대부분 늦은 경우가 많다.

우리는 시간을 주로 급한 것에 사용한다. X축에는 급한 것, 급
하지 않은 것, Y축에는 소중한 것, 소중하지 않은 것으로 나뉜
행렬이 있다고 가정해보자. 어디에 시간을 써야 할까?

우선 소중하고 급한 일에 시간을 써야 한다. 가장 우선순위
가 높은 일이다. 예를 들어 자녀가 아파서 병원에 가는 일은 소
중하면서 급하다. 당연히 이런 일을 먼저 처리해야 한다. 이것
의 중요성은 강조할 필요가 없다. 대부분 알아서 잘한다. 아무

문제가 없다. 문제는 급하지 않지만 소중한 일과 급해 보이지만 소중하지 않은 것이다. 이 두 가지를 어떻게 사용할 것인가, 하는 것이 시간 관리의 핵심이다.

많은 사람은 소중하지만 급하지 않은 것에 시간을 쓰지 않는다. 자기계발은 여기에 도전하는 일이다. 다른 말로 급하지 않지만 정말 소중한 일에 시간을 쓰는 것이다.

건강한 몸은 몇 개월 만에 찾을 수 없다. 전문성을 갈고닦는 것도 오랜 시간이 걸린다. 관계도 마찬가지이다. 어긋난 관계를 두세 달 안에 회복하는 것은 불가능하다. 대부분의 소중한 것은 어마어마하게 시간이 걸린다.

소중한 것은 당시에는 느끼지 못하기 때문에 소홀히 여긴다. 자기계발은 시간 관리이고, 시간 관리의 핵심은 그런 타성에서 벗어나는 것이다. 하루하루 닥치는 일을 처리하느라 쫓기지 말고 일상에서 운동, 독서, 글쓰기, 관계를 위한 시간을 투자하라는 것이다. 급하지 않지만 정말 소중한 일을 위해 시간을 할애하라는 것이다.

그러면 어떤 일이 벌어질까? 급한 일, 서두를 일, 변수가 줄어든다. 반대로 급한 일에 시간을 쓰다 보면 계속해서 장애물이 나타난다. 한 가지 장애물을 해결하면 또 다른 장애물이 나타나면서 결국 그 장애물에 걸려 넘어지고 만다.

무계획과 거절하지 못하는 시간 도둑을 조심하라

시간 관리의 중요한 방법 중 하나는 '시간 도둑'을 조심하는 것이다.

흔히 간장게장을 밥도둑이라고 부른다. 평소에는 밥 한 그릇도 제대로 못 먹었는데 간장게장이 있으면 두세 그릇 먹을 수 있기 때문에 붙여진 별명이다.

그렇다면 시간 도둑은 무엇일까? 무엇이 간장게장처럼 시간을 잡아먹을까? 개인마다 다르기 때문에 이를 찾는 방법은 사용한 시간을 기록해서 주기적으로 살펴봐야 한다.

통상적으로 시간 도둑은 다음과 같다.

첫째, 무계획이다. 계획이 없으면 그때그때 상황에 따라 움직인다. 당연히 시간의 소중함을 잊고 흐르는 대로 살게 된다.

둘째, 거절하지 못하는 것이다. 거절하지 못하면 하기 싫고 해야 할 이유가 없지만 이상한 일에 휘말려 시간을 쓴다. 그야말로 가장 큰 시간 도둑이다.

상대가 상처를 받을까 봐 거절하지 못한다는 말을 자주 듣는다. 나는 이런 이야기를 들으면《미움받을 용기》라는 책이 떠오른다. '개인심리학'을 창시한 아들러 심리학에 심취한 철학자 기시미 이치로(岸見 一郎)와 전문작가 고가 후미타케(古賀史健)가

"내가 거절했다고
문제가 생기는 관계라면
거절하지 않아도
어차피 문제가
발생했을 관계이다."

함께 쓴 이 책의 핵심은 '과제 분리'이다. 내 과제와 상대 과제를 분리해야 한다. 거절하는 것은 내 과제, 거절로 상처받을지 그렇지 않을지 결정하는 것은 상대 과제라는 것이다. 상대 과제까지 걱정할 필요는 없다.

이 책에서 과제 분리에 대한 가장 인상적인 부분은 '사랑 고백'이다. 어떤 사람을 좋아하지만 고백하지 못하는 이유는 대부분 거절당할까 봐 두려워서이다. 하지만 저자는 이렇게 이야기한다. 좋아한다고 고백하는 것은 당신의 과제이고, 고백을 받아들일지 거절할지 생각하는 것은 상대 과제이다. 왜 당신이 쓸데없이 상대방의 과제까지 걱정하는가.

가끔 독자들이 내게 연락하면서 바쁠 것 같아 선뜻 용기를 내지 못했다는 말을 한다. 그때마다 나는 이렇게 대답한다. 내가 바쁜지 안 바쁜지 그대가 어떻게 아는가? 설혹 바쁘더라도 거절은 내가 결정하는데 그대가 왜 미리 내 걱정까지 하느냐? 그대가 할 일은 마음먹었을 때 연락하는 것이다.

시간 도둑 중 대표선수가 바로 거절하지 못하는 것이다. 내 마음이 내키지 않는데 상대 마음이 상할까 봐 그가 제안한 일을 억지로 하는 것이다. 가기 싫은 모임에 가는 것이다.

하기 싫으면 거절하라. 당신이 거절했다고 문제가 생긴다면 거절하지 않아도 어차피 문제가 발생했을 관계이다.

시간 관리에서 신경 써야 할 일 중 하나는 부서지는 시간의 활용이다.

출퇴근시간이 그렇다. 한동안 일산에 산 적이 있는데 당시 직장은 서울 광진구였다. 전철 타는 시간만 1시간 반 넘게 걸려 너무 시간이 아까웠다. 그래서 전철에서 강연 테이프를 들었다. 그 회사에 강연 테이프가 굉장히 많았는데 1년 동안 거의 모두 들었다. 처음에는 아까웠던 시간이 강연을 들으면서 좋아졌다. 나중에는 그 시간이 기다려질 정도였다.

부서지는 시간은 또 있다. 기다리는 시간이다. 누군가를 기다리는 시간, 공항이나 서울역 대합실에서 대기하는 시간이 그렇다. 나는 이때 책이 잘 읽힌다. 우두커니 앉아 있으면 시간은 더디게 흐르고 짜증이 치민다. 그럴 때 대부분은 넋 놓고 기다린다. 하지만 이렇게 부서지는 시간이야말로 재활용하기 좋다.

시간의 성격과 일의 성격을 잘 매치시키는 것도 시간 관리의 좋은 요령이다.

하루 중 가장 머리가 맑은 시간은 언제이고, 반대로 가장 집중하기 어려운 시간은 언제인가? 머리가 가장 맑을 때는 고도의 집중력이 필요한 일을 하고, 머리가 흐리멍덩할 때는 아무 생각 없이도 할 수 있는 일을 해야 한다. 반대로 하면 곤란하다. 그것이야말로 시간 낭비이다.

나는 새벽에 가장 머리가 맑다. 나는 이때 고도의 집중력이 필요한 글쓰기를 주로 한다. 글쓰기는 집중하지 못하면 제대로 할 수 없다. 만취한 상태에서 글을 쓰는 것은 불가능하다. TV는 볼 수 있어도 책 한 줄 제대로 읽을 수 없다. 고도의 집중력을 요하는 일을 가장 머리가 맑은 시간에 할애하는 것이 매칭이다. 사람마다 집중력이 배가되는 시간은 다른데, 스스로 언제 가장 머리가 맑고, 그렇지 않은지 파악하는 것이 중요하다. 그래야 생산성이 오른다.

· · · · ·

가끔은 돈으로 시간을 사는 것도 중요하다.

예를 들어 집안일이 그렇다. 직장에서 일하는 많은 전문가 여성이 집안일 때문에 힘들다고 하소연하면 나는 과감하게 이야기한다. 비용을 지불해 살림살이를 도와줄 사람을 쓰고, 그 시간에 보다 생산적인 일을 할 것을 요청한다.

나는 사장이 직접 복사 같은 사소한 일을 직접 하는 것에 대해서 회의적이다. 수억 원의 연봉이 책정된 사장이 직접 복사하는 것이 바람직한 일일까? 나는 그가 연봉에 맞는 보다 생산적인 일에 집중하는 것이 맞다고 생각한다.

살다

내 경우는 운전이 그렇다. 강연 요청이 들어오면 많은 기업에서 차를 직접 보내주는 경우가 많은데, 그렇지 않으면 나는 운전기사가 딸린 렌터카를 부른다. 많은 비용이 들지만 길에서 운전하며 보내는 시간이 아깝기 때문이다.

나는 이동 중 업무를 보는 편이 더 생산적이라고 생각한다. 책을 읽고, 동영상을 보면서 공부하고, 통화와 문자메시지를 보내는 것도 자유로워 업무를 쉽게 처리할 수 있다. 필요할 경우 잠시 눈을 붙일 수도 있다. 나는 돈으로 내 시간을 산다고 생각한다. 물론 모든 사람에게 해당하는 이야기는 아니지만 그만큼 시간이 소중하다는 것을 강조하고 싶다.

시간 관리의 핵심은 소중한 것과 급한 것을 구분하는 것이라고 이야기했다. 가끔은 돈으로 시간을 사야 한다는 것은 시간의 품질에 맞는 일을 해야 한다는 의미이다. 시간 관리야말로 내 삶이 변화하는 습관의 핵심이다.

지금 당신은 어떤 시간을 보내고 있는가?

후회 버리는 습관 3

"소중한 것은 급하지 않다.

소중한 것은

시간이 오래 걸린다.

급한 것이 아니라

소중한 것을 돌보는

습관이 필요하다."

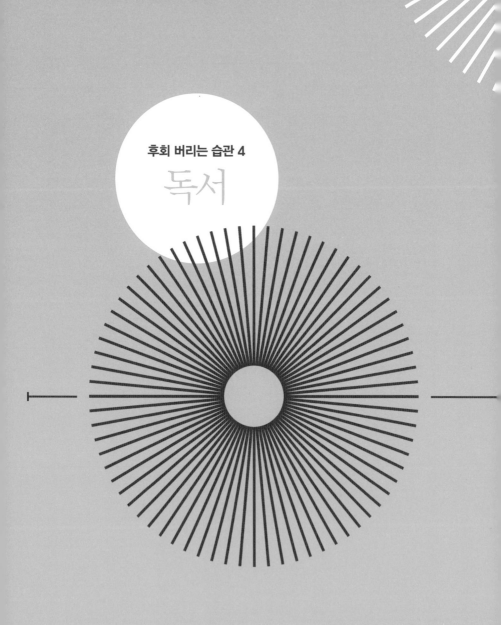

후회 버리는 습관 4

독서

읽다

내가 읽은 책이 나를 만든다

퀴즈를 하나 낸다.

자녀와 남편 이야기만 하는 주부, 골프와 회사 이야기 말고는 화젯거리가 없는 아저씨, 정치인과 대통령 비판 외에는 입 다무는 사람, 고집불통으로 남 이야기를 듣지 않는 사람, 확신에 차 늘 비판만 하는 사람. 이 다섯 사람의 공통점은 무엇일까?

바로 책을 읽지 않는 사람들이다.

정치인을 비판하는 것은 준비가 필요 없다. 관련된 책을 읽지 않고 뉴스만 대충 봐도 얼마든지 비판할 수 있다. 아무 준비 없이 할 수 있는 취미가 남을 비판하는 것이다.

왜 그럴까?

책을 읽지 않으면 화제가 빈곤하다. 깊이 생각하지 않으니까 당연히 자녀와 남편, 회사 같은 평범하고 뻔한 이야기 외에는 마땅한 이야깃거리가 없는 것이다.

분서갱유의 삶을 사는 사람들

한국인이 책을 읽지 않는 것은 세계적인 사실이다.

세계인의 1년 평균 독서량에 대한 뉴스를 접할 때마다 늘 하위권을 맴도는 현실을 보면서 책을 읽지 않는 것이 누구 잘못일까, 하는 생각을 한다. 주변에는 사는 게 바빠서 독서하지 못하는 자기 자신을 비난하는 사람이 많다. 나는 한국인이 책을 읽지 않는 가장 큰 책임은 나 같은 저자에게 있다고 생각한다. 얼마나 책을 재미없게 썼으면 사람들이 이렇게까지 책을 읽지 않을까.

강연할 때 꾸벅꾸벅 조는 사람도 비슷한 경우이다. 집중하지 못하는 청중이 문제가 아니라 강연을 지루하게 진행하는 강사 문제가 크다. 책도 마찬가지이다. 책을 읽지 않는 것은 독자 책임이 아니다. 독서에서 멀어지게 한 저자와 출판사, 번역자와 지식 노동자가 모든 책임에서 자유롭지 못하다.

학교 수업만 해도 그렇다. 아이들은 교실에서 공부를 하지 않는다. 아이들이 수업에 집중하지 못할 때는 다 이유가 있는 법이다. 재미가 없거나 뻔한 이야기가 반복되거나 아무 메시지가 없거나. 내가 볼 때 아이들이 공부에서 점점 멀어지는 것은 선생님 책임이 가장 크고, 그다음은 부모이다.

아이들은 공부는 싫어하지만 게임은 시키지 않아도 재미있게 하고 집중한다. 누구 하나 미래를 위해 게임을 해야 한다고 강조하지 않는다. 오히려 많은 교사와 부모는 자녀에게 게임하지 말라고 잔소리하고, 설교하고, 다그친다. 그런데도 아이들은 밤을 새워 게임에 집중한다.

혼자 가끔 이러한 상상을 해본다. 책을 그만 읽으라고 광고하는 것이다. "여러분 이렇게까지 책을 읽으면 곤란합니다. 시력이 나빠질 수 있으니까 독서를 자제해주시기 바랍니다." 이런 광고가 나오면 어떤 일이 벌어질까. 사람들이 반발심이 생겨 독서 열풍이 일어나지 않을까. 정말 이런 광고가 나올 수 있는 세상을 어떻게 하면 만들 수 있을까.

내 생활의 중심은 책이다.

나는 책을 쓰는 저자이자 소개하는 사람이다. 일반인과 기업 대표를 대상으로 독서토론회도 서너 개 진행한다. 모든 생활의 중심에 책이 있다.

내가 책과 관련한 일을 많이 하는 까닭은 무엇일까?

물론 요청이 들어와서 하는 경우도 있지만 책이 그만큼 재미있고, 효용성이 있고, 내 삶을 충만하게 해주기 때문이다. 책이 나를 나아지게 한다고 확신하기 때문이다. 속된 말로 책 읽는 맛을 알아버린 것이다. 공부하는 기쁨이 얼마나 큰지 깨달았기 때문이다. 책을 읽지 않는 사람들은 그 맛을 모른다.

책이 얼마나 인생에 도움이 되고, 독서가 얼마나 끝내주게 재미있는지 알려주고 싶다. 내가 책과 관련된 일이라면 제쳐두고 사람들을 만나는 목적은 독서가 답답한 인생을 바꿀 수 있다고 이야기하고 싶기 때문이다.

많은 사람이 '분서갱유'의 삶을 살고 있다. 분서갱유는 진나라 시황제가 학자들의 정치적 비판을 막기 위해 민간의 책 가운데 의약, 복서, 농업에 관한 책을 제외하고 모든 서적을 불태우고 수많은 유생을 구덩이에 묻어 죽인 사건이다. 내가 재정의한 분서갱유는 지난 20년 동안 책을 한 번도 읽지 않은 사람을 뜻한다. 생각보다 많은 사람이 해당한다. 그런데 수십 년 동안 책을 읽지 않는다고 밥벌이에 큰 지장은 없다. 생활에 문제가 발생하는 것도 아니다.

그런데 독서가 정말 끝내준다는 사실을 깨닫는다면 어떤 일이 벌어질까?

다른 사람 이야기는 잘 모르겠다. 다만 내 경험은 이야기할 수 있다. 나는 40대까지 엔지니어의 삶을 살았고, 내가 읽은 책은 주로 추리소설이나 무협소설이었다. 특히 미국 유학 시절, 박사 과정을 밟을 때 실험 과정은 무척 지루했다. 샘플 하나를 도출하는 데도 몇 시간이 걸려 기다리는 동안 흥미 있는 소설을 읽

"독서하지 않는다고
인생은 크게
잘못되지 않지만
책 읽는 재미를 깨닫는 순간
인생은 완전히 달라진다."

어야 시간이 잘 갔다. 그러다 한국으로 돌아와 직장생활을 하는 도중에 우연히 '책 소개'를 하면서 본격적인 독서가 시작됐다.

책은 만난 적 없지만 항상 대화하는 인생의 스승

나는 대한민국에서 책을 제일 많이 읽고 소개하는 사람이라는 약간의 자신감 혹은 자부심이 있다. 그만큼 책이 내 인생을 바꾸었기 때문이다.

내가 개인적으로 좋아하는 칼럼니스트이자 동양학자인 조용헌 교수가 쓴 글 중에 사람의 팔자를 바꾸는 방법에 관한 이야기가 있다. 적선을 많이 하라, 눈 밝은 스승을 만나라, 하루에 100분 정도 명상하라…. 남다른 시각으로 삶의 지혜를 일깨우는 말 중에 나는 '눈 밝은 스승'이 가장 크게 와닿았다.

사람은 살면서 멘토이건 코치이건 인생의 길잡이가 될 수 있는 스승을 알고 있는 것이 중요하다. 평소에는 별로 효용성이 없더라도 결정적인 순간에는 반드시 스승이 필요하다. '멘토'는 어떤 일이 벌어졌을 때 '그 사람이라면 지금 어떤 결정을 내렸을까?' 떠올리게 하는 사람이다. 내 경우 그 멘토는 사람보다 오히려 '책'이었다.

내 인생에 가장 큰 영향을 준 멘토는 두 사람이다. 《성공하는 사람들의 7가지 습관》을 쓴 스티븐 코비(Stephen Covey)와 경영학의 아버지 피터 드러커(Peter Drucker)가 내 인생에 가장 큰 변화를 일깨웠다. 또한 법정 스님과 박완서, 최인호 작가의 글을 굉장히 좋아한다. 나는 책을 읽으면서 나도 모르게 그 사람들을 닮아가려고 노력했던 것 같다.

내 삶의 나침반은 스티븐 코비와 피터 드러커를 절반씩 섞은 사람이 되는 것이다. 스티븐 코비는 개인의 생산성에 관심이 많고, 피터 드러커는 조직의 생산성을 향상시키는 데 주목한다. 나는 두 가지 모두에 관심이 많다. 두 사람을 지표로 삼은 지 20년이 넘은 것 같은데, 나는 수많은 독서를 통해 두 멘토를 흠모하면서 따라하고 있다. 한 번도 만난 적 없고, 오직 책을 통해 대화할 뿐이지만 두 사람은 여전히 내 인생의 가장 큰 스승이다.

중요한 의사결정을 할 때 어떤 근거에 기반해 결론을 내리는가? 의사결정이 잘못돼 혹시 후회한 경험은 없는가?

최근에 이런 일이 있었다. 한 기업에 매주 자문을 가는데, 그곳에서 보내준 차를 운전하는 분이 한눈에 봐도 말쑥하고, 식견도 깊어 보였다. 처음에는 별다른 이야기를 나누지 않다 몇 차례 만나면서 친밀해져 내가 예전에 무슨 일을 했는지 물어봤다. 운전기사는 건실한 중소기업을 운영했는데, 순간적으로 물의

읽다

온도를 올려주는 기술을 개발했다고 덧붙였다. 그러면서 당시에는 획기적인 기술이었지만 영업이 쉽지 않아 운영자금이 부족해 헤매고 있는데 어떤 보일러 기업에서 그 기술을 구입하겠다고 연락이 왔다는 것이다. 나는 어떻게 했냐고 되물었다. 그러자 운전기사는 보일러 기업이 제시한 금액이 자신이 생각한 가치보다 훨씬 모자라 거절했다고 대답했다. 결국 그가 운영한 기업은 부도가 났고, 그는 오랜 방황 끝에 현재 직업을 선택했다고 이야기했다.

나는 그에게 만일 시간을 되돌릴 수 있다면 어떤 결정을 하겠는지 물어봤다. 그는 당연히 그 기술을 판매하겠다고 대답했다. 나는 당시 결정을 내리기 전에 누구와 상의했는지 되물었다. 그러자 그는 상의할 생각도 없었고, 상의할 상대도 마땅치 않았다고 말했다.

대부분 사람들은 중요한 결정을 내릴 때 별다른 근거 없이 혼자 결정하고 후회한다. 나는 거꾸로 이렇게 묻고 싶다. 인생을 한순간에 바꿀지 모르는 결정을 내리는 데 어떻게 아무런 공부도 하지 않고, 의논조차 시도하지 않는지. 그런데 많은 사람이 그렇게 산다. 대학을 갈 때도, 전공을 선택할 때도, 결혼할 때도, 아이를 낳아서 교육을 시킬 때도 그렇다. 아무 준비 없이 그냥 선택하고 결정한다.

세상에 이보다 위험한 일은 없다. 나는 이런 결정의 갈래마다 가장 크게 도움을 줄 수 있는 길잡이, 스승이 책이라고 생각한다. 오랫동안 책을 요약하고 이를 바탕으로 글을 쓰면서 확신은 더욱 굳어졌다.

독서의 재정의는 저자와의 대화, 나와의 대화, 생각의 미끼이다

독서란 무엇인가?

나는 독서 또한 재정의가 필요하다고 생각한다.

첫째, 내가 생각하는 독서의 재정의는 저자와의 대화이다.

독서를 통해서 수천 년 전 살았던 소크라테스는 물론 이제 만날 수 없는 아이젠하우어, 아인슈타인, 스티브 잡스도 만날 수 있다. 책을 펼치면 동서고금을 막론하고 모든 사람을 만날 수 있다. '투자의 귀재'라고 불리는 워런 버핏(Warren Buffett)과의 점심이 30억 원가량에 낙찰됐다는 뉴스가 화제가 된 적 있다. 책값은 비싸봐야 2만 원 안팎이다. 고민이 생길 때 2만 원가량만 지불하면 어마어마한 해법을 얻을 수 있는데, 많은 사람이 그 저자와의 대화를 거절한다.

둘째, 내가 생각하는 독서의 재정의는 나와의 대화이다.

독서는 저자의 이야기를 듣는 것 같지만 사실은 나를 돌아보는 방법이다.

내가 쓴 《채용이 전부다》라는 책으로 독서토론회 할 때의 일이다. 그 책은 채용이 무엇인지, 채용을 어떻게 할 것인지, 당신이 채용될 가치가 있는지 등에 관한 책이다. 그런데 젊은 회사원에게 책 읽은 느낌을 물어봤더니 이 책을 읽는 내내 너무 불편했다는 것이다. 왜 불편했는지 묻자 마치 자기 이야기를 하는 것 같다는 게 이유였다. 자기를 돌이켜보니 절대 채용하면 안 될 직원이라는 것이다. 충성도도 없고, 전문성도 떨어지고, 항상 경영진한테 따지기기만 해서 자기가 만일 대표라면 자기 같은 사람은 절대 뽑으면 안 된다는 것을 느꼈기 때문에 읽는 내내 불편했다는 것이다.

당신은 이 회사원의 이야기를 들으면서 무슨 생각이 떠올랐는가?

변화의 출발점은 불편함이다. 불편한 것을 할 수 있을 때 변할 수 있다. 그런 면에서 좋은 책은 불편한 책이다. 익숙한 책, 나를 위로해주는 책이 좋은 책은 아니다. 그런데 대부분 익숙한 책만 찾아 읽는다. 독서는 나와의 대화이다. 책을 읽는 것 같지만 사실은 나를 읽는 것이다. 내가 잘살아 왔는지, 이대로 살아도 되는지, 잘 살려면 어떻게 해야 하는지 나를 되돌아보게 하는 것이다.

셋째, 이것이 제일 중요하다. 독서의 재정의는 생각의 미끼이다.

좋은 생각을 하려면 좋은 미끼를 던져야 한다. 생각이란 무엇일까? 생각의 정의에 대해 제대로 대답하는 사람을 거의 본 적이 없다. 아마 지금 당신도 생각이 무엇인지 쉽게 대답하지 못할 것이다.

스위스의 심리학자이자 아동의 인지발달 이론을 만든 장 피아제(Jean Piaget)는 생각을 '리프리젠테이션(Representation)'이라고 정의했다. 리프리젠테이션은 표상, '다시 떠올린다.'는 의미이다. 생각은 온전히 내 생각이 아니다. 언젠가 들었던 것, 경험했던 것, 배웠던 것, 느꼈던 것이 잠재의식 속에 떠다니다가 어느 순간 덜컥 올라오는데, 이것이 생각이다. 내 생각 같지만 사실 다른 사람의 생각에 내 생각을 더한 것이 내 생각이다.

리프리젠테이션은 우리말로 하면 무엇일까? 생각은 내가 생각해야 한다고 해서 떠오르지 않는다. 생각은 '문득' 떠오른다. 문득(聞得)은 한자어이다. 들을 문(聞) 자와 얻을 득(得)자가 합쳐진 단어이다. 들었던 것이 어느 순간 덜컥 위로 올라온다는 말이다. 리프리젠테이션과 정확하게 일치한다. 놀랍지 않은가?

서양인이 생각하는 생각의 정의와 동양에서 생각하는 생각의 정의가 완전히 같은 것이다.

책은 자기 자신뿐만 아니라 타인의 생각을 바꾼다

잘산다는 것은 결국 남과 다른 생각을 할 수 있어야 가능하다. 남들이 생각하지 못한 것을 생각하고, 같은 것을 보지만 다르게 볼 수 있어야 한다. 남들도 다 하는 생각, 네이버나 구글에 나오는 정도의 생각을 가지고 잘살 수는 없다. 불가능하다.

그러면 어떻게 해야 좋은 생각을 할 수 있을까?

좋은 인풋이 있어야 좋은 생각을 할 수 있다. 좋은 식자재가 있어야 좋은 음식을 할 수 있는 것처럼 생각도 마찬가지이다. 좋은 인풋 중 최상의 재료가 독서라고 생각한다. 물론 잘살고 싶고, 내 생활을 변화시키고 싶다는 간절함이 있는 사람에게 해당하는 이야기이다.

기업의 요청으로 책 소개하는 일을 20년째 하고 있다. 그런데 이상한 일이 벌어진다. 누가 물어보면 곧바로 어떤 아이디어가 떠오른다. 질문과 관련된 생각이 꼬리에 꼬리를 문다.

최근에 한 기업에서 직무 전환에 관한 질문을 받은 적 있다.

20년 동안 대전에 위치한 연구소에서 근무한 직원이 서울 본사 사업부로 발령받은 것이다. 기업 내부에서는 여러 직무를 차례로 경험하게 해 능력과 자질을 높이는 인재 육성법의 하나인 일명 '잡 로테이션'이 자주 일어난다. 생산직에 종사하던 사람이 영업직으로 이동하고, 평생 연구만 하는 사람이 인사부로 가기도 한다. 수십 년 동안 한 지역에서 한 가지 업무에 집중했던 그 직원은 직무 전환이 불편하고 두렵다고 하소연했다.

나는 이 직원의 고민을 듣자마자 《루키 스마트》라는 책이 떠올랐다. 세계적인 리더십 전문가로 손꼽히는 리즈 와이즈먼(Liz Wiseman)이 쓴 이 책의 내용은 단순하다. 루키들이 일을 잘한다는 것이다. 여기서 말하는 루키는 신입사원이 아니다. 오랫동안 그 일을 하다가 새롭게 다른 일을 맡은 사람이다. 조직에서는 그런 일이 비일비재하다.

루키들의 특성은 겸손이다. 아니 겸손할 수밖에 없다. 겸손하면 어떤 일이 벌어질까? 자꾸 물어보고 질문하고 찾아본다. 또 하나의 특성은 의심이 많다는 것이다. 왜 일을 저렇게 하지? 다른 방법이 없을까? 저게 맞아? 끊임없이 질문하고 더 나은 방법을 모색한다.

나는 새로운 업무와 환경을 앞두고 고민하는 이 직원에게 《루키 스마트》를 언급하면서 "모든 혁신은 루키들이 일으킨다."고

조언했다. 이것이야말로 책의 효용성이다. 만약 그 직원이 고민을 털어놓았을 때 그 순간 떠오르는 감정대로 "회사에서 좌천당하는 것 아냐? 당장 그만둬." 하고 반응하는 사람이 있었다면 그는 어떤 선택을 내렸을까?

책은 자기 자신뿐만 아니라 다른 사람의 생각까지 바꿀 수 있다. 같은 현상을 완전히 다르게 해석할 수 있게 한다.

어떻게 책을 읽을 것인가

발전을 원하는 사람은 책을 읽어야 한다. 그런데 책은 어떤 책을 읽는가 하는 것도 중요하지만 어떻게 읽어야 하는지가 훨씬 중요하다.

내가 생각하는 독서 습관을 재정의하겠다.

첫째, 책을 처음부터 끝까지 읽지 말라는 것이다.

책을 억지로 완독하는 것은 별로 현명하지 못한 방법이다. 책의 핵심은 대부분 제목과 앞뒤에 있다. 그 부분을 꼼꼼히 살펴보고 관심이 가면 서문까지 읽는다. 서문까지 읽으면 절반은 읽은 것과 같다. 서문이 재미없다면 목차를 찾아서 조금 더 읽어보라. 그래도 흥미가 생기지 않으면 무리해서 읽을 필요 없다.

내 경우도 대부분 거기에서 중단한다. 재미없고, 새롭지 않은 책을 읽을 만큼 한가하지 않기 때문이다.

둘째, 책은 읽는 것도 중요하지만 읽고 난 다음이 훨씬 중요하다.

대부분은 책을 읽은 다음 그냥 책꽂이에 꽂아둔다. 1년 후 그 책을 뽑아서 다시 읽으면 처음 읽는 것처럼 새롭고 참신하다. 그러다 3분의 1쯤 읽다 보면 문득 예전에 읽었던 책이 아닐까 하는 의심이 생긴다. 맞다. 읽은 책을 다시 읽고 있는 것이다. 다 비슷한 경험이 있을 것이다. 이것은 책에 담긴 지식 중 내게 각인된 것이 없다는 의미이다. 그래서 책을 읽은 다음에는 독서와 관련된 필사, 요약, 혹은 서평을 쓰는 것이 굉장히 중요하다.

세상에 못 믿을 게 우리 뇌이다. 내 뇌를 의심해야 한다. 우리 뇌는 그렇게 성능이 좋지 않다. 책을 읽은 다음 중요한 문장이나 핵심 메시지를 독서 노트에 정리하는 습관을 가지면 온전한 내 것이 된다.

독서 습관을 재정의했지만 사실 많은 사람이 책 자체를 펼쳐 보지 않는 것이 현실이다.

사람들은 왜 책을 읽지 않을까? 책과 현실이 동떨어져 있기 때문이다. 재미와 흥미를 일컫는 영어 단어 '인터레스트(interest)'에는 '이익'이라는 뜻도 담겨 있다. 이 말의 어원은

'서로[inter] 관련이 있다'는 말이다. 관련이 있어야 재미있다는 의미이다. 책을 읽지 않는 이유는 책 내용과 내 생활이 별로 관련 없기 때문이다. 다른 말로 재미가 없기 때문이다.

모든 책이 그런 것은 아니다. 《부의 인문학》이라는 베스트셀러가 있다. 처음에는 단순히 부동산 관련 책이라고 관심을 두지 않다가 우연히 서점에서 조금 읽어보고는 바로 구입했다. 그 책은 경제학, 인문학 고전을 자기 방식으로 소화하고 자기 목소리로 요약한 책이었다. 예를 들어 애덤 스미스의 《국부론》을 재해석하고 투자에 적용해 재미를 본 이야기이다.

대부분 그런 식이다. 지식을 소화해 실전에 활용하고 그 덕분에 젊은 나이에 경제적 자유를 누리게 되었다는 것이다. 저자가 돈을 벌려고 책을 쓴 것 같지는 않다. 경제를 깊이 있게 공부하려고 애덤 스미스의 《국부론》을 비롯해 고전을 읽었고, 공부의 결과물을 실전에 활용하다 보니 부를 누린 것이다. 그것이 책의 효용성이다.

만일 일반인이 그런 효용성을 느끼면 어떤 일이 벌어질까?

책을 읽지 말라고 해도 열심히 찾아서 읽을 것이다.

나는 다양한 곳에서 강의를 하는데, 나를 가장 많이 찾는 곳 중 하나가 부동산 투자 모임이다. 요즘에는 부동산 관련 모임이 많다. 한번은 사당동에서 토요일 아침 7시에 회원 모임이 있는

"내가 읽은 책이
바로 나를 만든다.
독서는
배신하지 않는다."

데 강연을 해달라는 요청이 왔다. 모든 회원이 이미 내 책을 읽었다는 이야기도 덧붙였다.

나는 약간 의심을 품었다. 과연 사람들이 모일까, 회원들이 정말 내 책을 읽었을까? 그런데 그 이른 시간에 강연장으로 들어가자 내 의심이 무색하게 150명가량 되는 사람이 모여 있고, 정말 모든 회원이 내 책을 읽은 것이었다. 나는 신기하고 기특한 마음에 부동산을 공부하는 사람들이 왜 이렇게 책을 열심히 읽는지 물어봤다.

책임자는 이렇게 이야기했다.

"부동산을 공부한다는 것은 결국 시대를 읽는 것이고, 시대를 읽는다는 것은 고객들이 어떻게 변화하는지 사람을 읽는 것이다. 그 핵심이 바로 책이다."

그 모임에 참석한 사람들은 어떤 방식으로든 이미 독서의 효용성을 깨달은 것이었다.

◆ ● ◆ ● ◆

독서만큼 투자 대비 효과가 탁월한 방법은 없다.

내가 읽은 책이 바로 나를 만든다. 독서는 배신하지 않는다. 책에서 얻은 지식이 축적되면서 다른 눈을 가지게 되고, 세상을 다르게 볼 수 있다. 남들이 보지 못한 것을 보고, 같은 것을 봐도 남들과 다르게 해석할 수 있다.

흔히 책이 사람을 만든다고 이야기한다. 그가 읽은 책이 바로 그 사람이라는 말도 한다. 또 읽는 것에서 그치지 말고 이를 생활에 적용해야 변화가 일어난다고 이야기한다.

믿지 못하겠다고?

믿어라. 증거가 바로 내 자신이다.

나는 지난 20년 동안 책을 소개하면서 엄청난 변화를 겪었고 지금도 진화하고 발전하고 있다. 다양한 장르에 관심을 가지고 폭넓은 분야의 책을 쓰고 있다. 아이디어도 많아지고 누가 어떤 질문을 던져도 관련한 아이디어가 떠오르고 책으로 수렴된다. 60대 중반이 넘은 나이에도 현직으로 활발하게 활동하고 있다. 만약 독서가 뒷받침되지 않았다면 이 나이에 절대 이런 일을 하지 못했을 것이다. 그런 면에서 나는 책을 통해 가장 많이 성장하고 이익을 본 사람이다.

사는 것이 힘이 드는가?

지겨운 직장생활에서 변화를 주고 싶은가?

책을 통해, 독서라는 습관을 통해 지금 당장 변화를 시도하라.

읽다

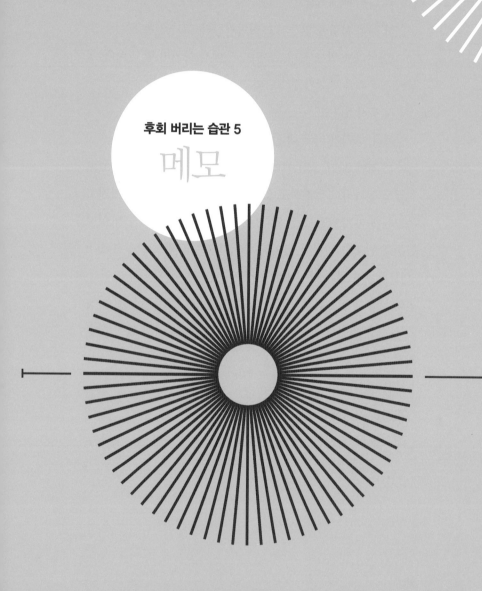

후회 버리는 습관 5

메모

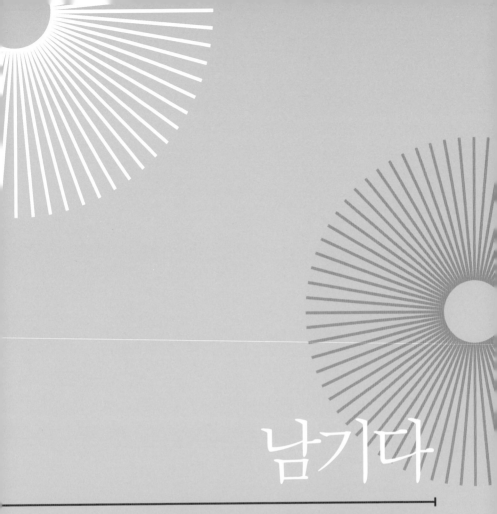

남기다

기억이 아니라 잊기 위해 기록하라

몇 년 전 신촌에 있는 어떤 이탈리안 레스토랑에 갔다. 나를 포함해 10명이 동행했고, 내가 식사를 대접하는 날이었다. 메뉴판에는 샐러드, 피자, 파스타 등 음식 종류가 정말 많았다. 10명이나 되는 인원이다 보니 다양한 음식을 주문하는데, 종업원은 전혀 메모를 하지 않았다. 여기저기서 샐러드 하나, 피자 둘, 파스타 셋… 말해도 그저 예, 하고 응수하는 것이었다. 나는 걱정이 된 나머지 메모하지 않아도 괜찮은지 물어봤다. 종업원은 자신감에 넘쳐 모두 기억할 수 있다고 대답했다. 나는 솔직히 믿지 못했다. 아니나 다를까 주문한 음식이 나왔을 때 15가지 메뉴 중 6개가 엉뚱한 음식이었다.

나는 지금도 그 종업원을 이해할 수 없다. 절반 남짓 틀린 것은 전부 틀린 것이나 마찬가지이다. 주문받을 때 메모하면 간단한 일을 왜 그렇게 자신만만하게 생각했을까. 내가 다음부터 그 식당에 방문하지 않는 것은 당연했다.

컨설팅을 전문으로 하는 기업에 다닐 때 동료 중에 '부도수

남기다

표'라는 별명을 가진 사람이 있었다. 학력도 좋고, 인물도 헌칠하고, 말솜씨도 빼어났다. 첫눈에 봐도 호감이 가고 설득력이 있어 회사의 히든카드 같은 존재였다.

한 번은 지인이 자기 회사 컨설팅을 받고 싶다고 해서 나는 자신 있게 컨설턴트인 그 사람을 소개했다. 그러고는 한두 달 지난 다음 우연히 지인을 만났다. 지인은 나를 보자마자 대뜸 '그 사람 안 되겠어.' 하면서 컨설턴트 흥을 보았다. 나는 소개한 입장에서 당황해 이유를 물었다.

지인은 그 사람이 '부도수표'라고 단호하게 말했다. 메모하지 않는 것이 가장 큰 이유였다. 컨설팅 회의에 참석한 그 사람은 수첩이나 볼펜을 전혀 가지도 다니지 않았고, 고객이 우려하면 그제야 상대 수첩을 빌려 기록한다는 것이었다. 당연히 약속했던 부분도 제대로 지키지 않았다. 회의에서 자료를 보내주거나 미흡한 사항을 알려주기로 했지만 감감소식이었다. 더 이상 그 사람 말은 신뢰할 수 없다는 지인의 말에 소개한 내가 더 미안했다.

나는 지인에게 동료를 소개하기 전까지 그 사람의 본색을 알지 못했다. 알고 보니 회사 동료들은 그 사람의 별명이 부도수표인 것을 알고 있었다. 나만 몰랐던 것이다. 지금 그 사람은 컨설팅 분야에서 사라졌다. 당연한 결과이다.

당신의 뇌를 믿으십니까?

당신은 뇌를 믿는가?

당신의 기억을 믿는가?

당신은 혹시 메모를 열심히 하는가?

나는 메모광이다. 수첩과 볼펜이 없으면 불안하다. 손이 떨린다. 수첩과 볼펜은 필수품 중 필수품이다. 사람을 만나는 카페이든, 친구를 만나는 술집이든 장소 불문하고 가장 먼저 수첩과 볼펜을 꺼낸다.

왜 내가 이렇게 되었을까?

좋은 아이디어는 언제 나올지 모른다. 좋은 아이디어는 휘발성이 강하다. 순식간에 나왔다 순식간에 사라진다. 그 순간을 놓치면 영원히 사라지고 더 이상 기억나지 않는다.

친구들끼리 술을 마시면 정말 재미난 이야기가 쏟아져 나온다. 메모 없이 그냥 들으면 나중에 아무것도 기억할 수 없다. 배를 잡고 웃었던 기억만이 남는다. 아내에게 이야기해주고 싶어도 도무지 생각나지 않는다.

메모는 사소한 습관 같지만 사실은 어마어마한 자기계발의 무기를 장착한 것과 똑같다. 특히 스마트폰을 활용하면 메모를 훨씬 파워풀하게 활용할 수 있다. 나는 다양한 사람을 만나기 때문에 그때그때 메모하지 않으면 상대에 대해 아는 것이 거의 없고 번번이 같은 질문을 반복할 가능성이 높다. 6개월 후 만났을 때 이름 외에는 아무것도 기억나지 않을 확률이 높다. 그래서 나는 스마트폰에 상대에 대해 꼼꼼히 기록한다.

예를 들면 이런 식이다. 내가 만난 사람 중에 모 기업 회장이 있다. 나는 그를 처음 만났을 때 이야기를 나누면서 "1950년생, 천안으로 피난 가다 아이를 낳아 이름에 '천' 자가 들어 있다. 아들 하나, 딸 하나. 현재 자녀는 모두 샌디에이고에 갔다. 좋아하는 것은⋯." 온갖 종류의 정보를 입력했다.

이제 나는 회장을 다시 만나도 걱정할 것이 없다. 메모를 보고 이것저것 물어보면 된다. 지난번 그 프로젝트는 어떻게 됐는지? 샌디에이고에 간 딸과 사위는 잘 지내는지? 한번은 자녀에 대한 근황을 묻자 회장은 "그놈들이 사고를 쳤다."고 혀를 찼다. 나는 교통사고라도 난 줄 알고 깜짝 놀랐지만 회장은 웃으면서 "셋째를 가졌다."고 가족에 관한 이야기를 사심 없이 털어놓았다. 그렇게 업무로 만난 사이에도 온갖 재미난 화젯거리가 끊이지 않았다. 모두 메모의 힘이다.

사람들은 내게 어쩌면 그렇게 기억력이 좋으냐고 묻는다. 나는 속으로 스마트폰을 어루만지면서 대답한다. 이 안에 모든 보물이 들어 있답니다.

"좋은 아이디어는
휘발성이 강하다.
순식간에 나왔다
순식간에 사라진다."

메모는 잊기 위해 하는 것이다

메모하면 가장 좋은 것이 무엇일까?

신뢰가 쌓인다. 신뢰(信賴)의 '믿을 신(信)' 자는 말 그대로 '사람의 말'이라는 의미이다. 반대로 말은 뱉어놓고 그 말을 지키지 못하는 것은 '불신'이다.

우리 뇌는 기억의 한계가 있다. 뇌를 믿는 대신 손을 믿어야 한다.

모든 습관이 그렇듯 메모도 재정의가 중요하다.

내가 생각하는 메모는 기억하기 위해서 하는 것이 아니라 잊어버리기 위해서 하는 것이다.

혹시 '작업 기억'이라는 말을 들어봤는가? 무엇인가 기억하려고 노력하면서 작업하는 것을 의미한다. 이를테면 전화번호를 기억하려고 노력하면서 일을 해보라. '586-0023'이라는 숫자를 외우려고 노력하면서 일한다면 당연히 집중하기 어렵다. 외우는 대신 '586-0023'을 써놓으면 어떨까? 더 이상 전화번호를 기억하려고 애쓸 필요가 없다.

다시 한 번 강조하지만 메모는 기억하기 위해서 하는 것이 아니다. 잊어버리기 위해서 하는 것이다. 잊어버리는 대신 정말 소중한 일에 뇌를 쓰기 위해서 하는 것이 메모이다. 메모하지 않는다는 것은 수백 개의 작업 기억을 가지고 일하는 것과 마찬가지이다. 전화번호 100개를 동시에 외우면서 일한다면 제대로 집중할 수 없다. 생산성이 떨어질 수밖에 없다.

메모가 중요한 또 다른 이유는 글쓰기의 가장 훌륭한 재료라는 점이다.

나처럼 글을 쓰는 사람에게 메모는 광맥과 같다.

최근에 읽은 책 중에 《제텔카스텐》이라는 책이 있다. 제목은 독일어로 '메모(zettel)'와 '상자(kasten)'를 합친 단어인데, 책 콘셉트가 굉장히 훌륭했다.

사회과학 연구자인 저자 숀케 아렌스(Sonke Ahrens)가 20세기 가장 중요한 사회학자이자 다작(多作)의 신이라고 불렸던 니클라스 루만(Niklas Luhmann)이 남긴 9만여 장의 '메모 상자'를 본격적으로 소개한 이 책은 메모가 한 사람의 인생을 바꿀 수 있다는 놀라운 사실을 보여준다.

니클라스 루만은 교수에 채용되기 전에 평범한 사람이었다. 메모를 많이 하고 정리를 잘한다는 점만이 남달랐다. 독일의 한 대학이 루만의 글을 보고 반해 교수로 영입하려고 했다. 문제는 루만은 학사학위밖에 없었고, 교수 채용에 필요한 논문과 서류가 전혀 없었다. 그런데 루만은 1년 만에 대학이 요구하는 모든 작업을 끝냈다. 바로 제텔카스텐, 메모 상자 덕분이었다.

루만은 평소 책, 신문, 영화를 본 다음 조직적으로 메모하고 정리했다. 루만의 주장은 단순하다. "글은 뇌로 쓰는 것이 아니라 메모 상자를 정리하면서 쓰는 것이다." 맞는 말이다. 글은 생짜배기로 쓸 수 없다. 자신의 생생한 체험 몇 가지는 가능하겠지만 학문적인 논문은 아예 불가능하다. 다양한 메모를 보면서 그 위에 자기의 생각을 더하는 것이다. 사실 내가 책을 쓰는 방법이기도 하다.

내가 매년 5권 정도씩 책을 출간하니까 사람들은 어떻게 책을 많이, 빨리 쓸 수 있느냐고 묻는다. 하지만 나는 별로 어렵지 않다. 내가 그동안 어마어마하게 읽은 책들의 메모 상자가 있기 때문이다. 나는 그것을 '지식냉장고'라고 부른다. 내 지식이 모두 들어가 있는 냉장고라는 의미이다.

내가 책을 쓴다는 것은 기존의 지식냉장고에 있는 것들을 꺼내서 가공하는 것이다. 콘셉트를 잡고, 분류하고, 순서에 따라 배치하고, 내 의견을 적절히 개입시키면 책으로 완성되는 것이다. 그것이 바로 메모의 힘이다.

메모를 활용하는 것이 더욱 중요하다

정말 중요한 일은 갑자기 할 수 없다. 미리미리 공부해야 제대로 해낼 수 있다.

회사에서 대표가 굉장히 어려운 주제의 숙제를 내줬다고 생각해보라. 예를 들면 AI 시대에 현재 업무를 어떻게 효과적으로 할 수 있는지 제안서를 써보라고 하면 어떻게 하겠는가? 그런 종류의 과제를 단기간에 할 수 있을까? 네이버나 구글을 찾는다고 답을 찾을 수 있을까? 불가능하다.

평소에 많은 책을 읽고, 소화하고, 공부의 결과를 메모하고, 찾기 쉽도록 정리해야 한다. 이러한 결과물로 다양한 아웃풋을 생산할 수 있다. 메모가 중요한 이유이다.

메모하는 사람은 많다. 그런데 많은 사람이 메모한 다음 제대로 활용하지 못한다. 메모를 효과적으로 정리하지 않으면 어딘가 메모해놓았다는 사실 말고는 기억나지 않는다. 메모 못지않게 중요한 것이 메모를 효과적으로 저장하는 것이다.

메모는 활용할 때 효과성을 발휘한다. 페덱스의 물류 시스템을 벤치마킹하면 메모를 저장해서 활용하는 방법에 대한 굉장한 아이디어를 얻을 수 있다.

페덱스의 출발은 예일대학교에서 경제학을 공부하던 창업자

프레드릭 스미스(Frederick Smithd)의 경제학 리포트에서 비롯한다. 현실성이 없다며 C 학점을 받은 아이디어가 세계적인 물류회사의 출발점이 된 것이다.

미국은 나라가 크다. 예전에는 한 장소에서 다른 장소로 바로 유통을 했다. 예를 들어 LA에서 샌디에이고로 바로 물건이 갔다. 기존 시스템이 지나치게 효율성이 떨어진다고 생각한 프레드릭 스미스는 '허브 앤 스포크(Hub and Spoke)'라는 시스템을 창안했다. '허브'는 중심, '스포크'는 자전거 바큇살을 뜻한다. 이를테면 A라는 동네에서 B라는 동네로 바로 옮길 것이 아니라 일단 허브에 모두 모아 바큇살이 뻗어나가듯 재분류하자는 것이다.

나는 메모에 이 아이디어를 적용한다. 메모는 종잇조각이든 포스트잇이든 스마트폰이든 여러 군데 할 수 있다. 중요한 것은 주기적으로 흩어진 메모를 한곳에 모아야 한다. 내 경우는 컴퓨터에 허브가 있다. 다양한 주제가 모여 있는 '지식냉장고' 폴더이다. 이 폴더 안에는 리더십, AI, 역사, 언어 등 다양한 주제가 모여 있다. 나는 일상 속에서 수시로 메모하고, 이를 허브에 모두 모은 다음 다시 지식냉장고로 이동시킨다. 이를테면 이 메모는 리더십의 좋은 사례이고, 이 메모는 AI로 넘어가면 좋겠다, 분류해놓는 것이다.

종류가 굉장히 많아 처음에는 전혀 정리되지 않은 자재창고 같다. 그런데 일정한 양이 차면 지식냉장고로 들어가서 다시 분류하고 재배치한다. 그러면 메모 더미 위에서 나만의 생각과 글이 나온다. 메모가 글로 변하고, 글이 모여 책이 나오는 것이다.

책을 쓰면 그 분야에서 일정 정도 전문가로 인정받을 수 있다. 메모는 그 행위 자체로 무척 중요하지만 어떻게 저장하고 재배치하느냐가 훨씬 더 중요하다. 물론 이 방식에 학문적인 근거가 있는 것은 아니지만 내 삶을 변화시킨 중요한 습관의 증거인 것은 분명하다.

메모하면 마음의 평화를 얻는다

메모가 중요한 첫째 이유는 아이디어가 떠오르는 시점과 사용해야 하는 시점이 다르기 때문이다.

다음 주 월요일 회의 때 팀장에게 이야기하면 좋겠다고 문득 떠오른 아이디어를 어떻게 메모하는가? 나는 스마트폰에 있는 '일정'에 메모한다. 가령 '팀장 회의' 일정에 들어가면 메모란이 있고, 팀장에게 전할 이야기를 적은 다음 잊어버리는 것이다. 그러면 회의 전에 팀장에게 전달할 메모가 기억나고, 이를 바탕으로 이야기를 풀어나간다. 팀장은 언제 그런 아이디어를 떠올렸냐면서 당신의 준비성에 대해 칭찬한다.

메모를 하면 안테나가 선다. 촉각이 예민해진다. 사람은 안테나가 발달해야 한다. 더듬이가 예민해야 남들은 스쳐 지나가는 것도 잡아챌 수 있다. 지식을 얻는 순간과 활용하는 시간 사이에 틈을 메워주는 수단이 메모이다. 스마트폰이 나오면서 메모의 효용성은 훨씬 파워풀해졌다.

둘째, 메모가 중요한 또 다른 이유는 메모를 하면 마음의 평화를 얻을 수 있다.

내가 메모장이 없으면 왜 그렇게 불안해하는지 곰곰이 생각해본다. 망각에 대한 걱정 때문이다. 기막힌 아이디어를 잃을까 두렵기 때문이다. 나는 내 뇌를 믿지 못한다. 내 기억도 신뢰하지 못한다. 똑같은 사건을 10명이 봐도 다 다르게 기억한다. 미국에서 911 테러를 어떻게 기억하고 있는지 실험한 적이 있는데, 많은 사람의 기억이 왜곡돼 있었다.

기업이나 조직도 사람들의 뇌는 저마다 다르게 작동한다는 사실을 활용하면 많은 효용과 통찰을 이끌어낼 수 있다. 세계적인 투자가 레이 달리오(Ray Dalio)가 쓴 《원칙》이라는 책이 있다. 조직의 투명성을 강조한 이 책에 흥미로운 사례가 나온다. 모든 것을 기록하는 기업이 있다. 대표가 지시하는 이야기, 직원이 제안하는 내용, 사소한 회의까지 모두 동영상으로 기록하는 것이다. 그러면 이후 성과와 관련해 어떤 논쟁도 일어나지 않는다.

물론 지나치게 치우친 이야기일 수 있지만 레이 달리오는 사람의 기억은 신뢰할 수 없다는 사실을 강조한 것이다.

실제로 많은 사람이 과거에서 비롯한 문제 때문에 전쟁 같은 갈등을 빚는 경우가 많다. 서로 다른 기억이 현재 관계의 신뢰까지 무너뜨린다. 내가 생각하는 대체물은 바로 메모이다. 메모는 갈등의 씨앗을 제거할 수 있고, 마음의 평화까지 얻을 수 있다.

셋째, 메모가 중요한 이유는 신뢰성이 높아지는 것이다.

내가 강연할 때 열심히 메모하는 사람과 아무 호응 없이 우두커니 듣는 사람이 있다. 당신이라면 누구를 더 신뢰하겠는가? 당연히 메모하는 사람을 더 신뢰한다.

넷째, 메모는 훌륭한 학습 수단이기도 하다.

사람의 뇌는 언제 가장 활성화할까? 어떤 사람은 멍한 눈으로 동영상을 본다. 어떤 사람은 온종일 TV 앞에 앉아 있다. 어떤 사람은 신문을 읽는다. 어떤 사람은 메모를 하거나 글을 쓴다. 어떤 사람 눈이 가장 빛날까? 무언가를 쓸 때 가장 눈이 빛난다. 사람은 메모를 하거나 글을 쓸 때 가장 뇌가 활발하게 움직인다. 그런 면에서 메모가 정말 중요하다.

현재 어떤 대기업의 사외이사로 일하고 있다. 6년 전쯤 처음

A Habit of Abandoning Regret

"메모는 갈등의 씨앗을
제거할 수 있고,
마음의 평화까지
얻을 수 있다."

사외이사가 됐을 때 그 기업에서 '환영 파티'를 열어주었다. 장소는 리조트였고, 회장을 비롯해 여러 임원이 참석해 강연과 식사가 이어졌다. 그때 내 옆자리에 회장이 앉았다. 회장은 재담이 뛰어나다고 유명했는데, 실제로 사자성어도 많이 알고, 우스갯소리도 잘하는 재미있는 분이었다. 어쩌다 보니 나는 1시간 반 동안 줄곧 회장과 대화를 나눴다. 나는 그 이야기가 너무 아까워서 모두 메모했다.

식사 자리가 끝난 다음 다른 사람들이 처음 보는 사이에 무슨 이야기를 그렇게 재미있게 나눴냐고 질문했다. 나는 회장이 한자 풀이는 물론 살아온 이야기를 재미나게 들려줘 시간 가는 줄 몰랐다고 말했다. 그랬더니 자기들도 알 수 있냐고 되물었다. 나는 당연하다고 말하면서 모두에게 문자메시지로 메모를 보내줬고, 굉장한 칭송을 받았다.

내가 한 일이라고는 열심히 이야기를 듣고 메모한 것밖에 없었다. 돈이 든 것도 아니다. 들었던 이야기를 잘 정리해서 사람들에게 전달한 것이 전부이다. 하지만 그로 인해 내가 얻은 무형의 자산은 대단한 것이었다.

정말 중요한 것은 눈에 보이지 않는다. 대표적인 것이 신뢰이다. 신뢰를 높이는 좋은 방법 중 하나가 바로 메모이다.

＊　＊　＊　＊　＊

이나모리 가즈오(稻盛和夫)라는 사람이 있다. 첨단 전자제품 제조업체인 교세라의 창업자로 일본에서 마쓰시타 전기산업을 설립한 마쓰시타 고노스케(松下幸之助), 혼다자동차를 설립한 혼다 쇼이치로(本田宗一郞)와 함께 경영의 신으로 불린다. 두 사람은 죽었고 이나모리 가즈오는 아직 생존해 있다.

이나모리 가즈오는 일본 항공을 부활시킨 사람으로 유명하다. 책도 많이 썼다. 이 사람이 강조하는 한자가 있다. '돈을 벌다.'라는 의미의 '쌓을 저(儲)'이다. '믿을 신(信)' 자에 '놈 자(者)' 자가 합쳐진 이 단어는 '신뢰가 있는 사람은 무엇인가 축적하게 된다.'는 것을 강조한다.

많은 사람이 극적인 변화를 원한다. 뜨는 것을 갈망한다. 그런데 갑자기 뜨는 것은 위험하다. 뜨는 것은 내 힘으로 뜨는 것이 아니다. 다른 사람 힘에 의해서 뜨는 것이다. 뜬다는 것은 떨어진다는 것을 가정하는 것이다.

나는 뜨는 대신 날아야 한다고 생각한다. 나는 것은 내 날개로 나는 것이다. 변화도 그렇다. 하루아침에 날개가 생기지 않는다. 작고 사소한 습관이 쌓이고 쌓여서 삶의 변화를 이끈다. 날개를 만드는 중요한 무기 중 하나가 메모이다. 메모를 하면 훨씬 치밀한 인간이 될 수 있다. 부도수표 같은 별명은 가질 수 없다.

오늘부터 들었던 이야기를 잘 메모하고, 자전거 바큇살이 펴져 나가듯 메모를 활용하는 습관을 가지면 당신의 삶은 훨씬 생산적으로 변화할 수 있다. 당신이 무심코 적은 한 줄의 메모가 자전거 바퀴를 굴리며 상쾌한 바람을 가르듯 새로운 내일로 이끌 것이다.

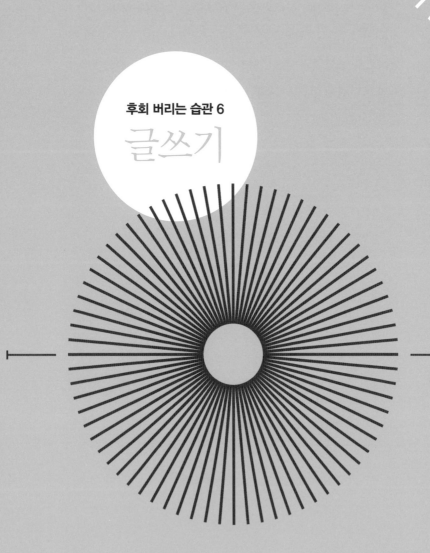

후회 버리는 습관 6

글쓰기

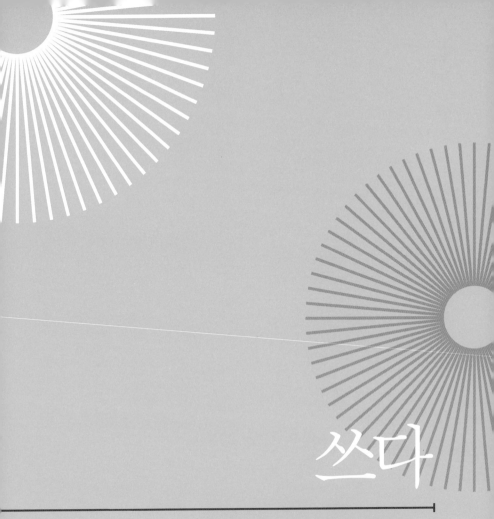

쓰다

인생을 다시 쓰는 한 줄의 힘

대통령이나 국회의원 선거할 때 후보자가 하는 '말'은 솔직히 크게 신뢰가 가지 않는다. 누가 대신 써준 글일 수 있기 때문이다. 반대로 그 사람이 특정한 주제에 관해 A4 한 장 정도 '글'을 쓸 수 있다면 어떤 인물인지 심도 있게 알 수 있고, 신뢰할 수 있다고 생각한다.

나는 책을 40권 정도 썼다. 처음에는 별다른 생각 없이 글을 썼는데 시간이 지나면서 글쓰기가 굉장한 유익을 가졌다쳤다고 고백한다. 글쓰기야말로 인생을 재정의할 수 있는 최고의 습관이다.

그렇다면 글쓰기의 재정의는 무엇일까?

내가 생각하는 글쓰기의 재정의는 '생각 정리'이다. 글을 써야 생각을 정리할 수 있다. 대부분은 정리되지 않은 머리로 살아간다. 당연히 실수할 확률이 높아진다. 흐트러진 머리를 정리하는 최선의 방법이 바로 글쓰기이다.

글쓰기의 재정의, 생각 정리의 세 가지 프로세스

생각 정리의 프로세스는 세 가지로 나눌 수 있다.

첫째, 머릿속에서 시뮬레이션해보는 것이다. 이를테면 내가 사업을 구상하고 있다면 먼저 머릿속으로 전반적인 과정을 돌려보는 것이다.

둘째, 말로 뱉어보는 것이다. 말을 하면서 생각을 정리하는 사람들이 있다. 좋은 방법이다. 말을 하다 보면 자기의 강점과 허점이 명료하게 드러난다. 해야 할 말과 하지 말아야 할 말도 정리된다.

마지막은 글쓰기이다. 글을 쓰다 보면 논리정연해진다. 논리적이지 않으면 글을 쓸 수 없다. 말은 논리적이지 않아도 된다. 하지만 글은 논리적이지 않으면 스스로 납득하지 못한다. 당연히 독자들도 납득하지 못한다. 그런 면에서 자기계발의 가장 중요한 축이 바로 글쓰기이다. 글을 쓰는 것이 자기계발의 핵심이다.

우리는 글쓰기에 약하다. 한국에서 성적이 우수한 아이들이 하버드나 컬럼비아 대학교 같은 아이비리그에서 중도에 탈락하는 이유도 글쓰기 때문이다. '에세이 쓰기'에서 실패하는 것이다.

한국 교육 과정에는 아예 글쓰기 개념이 없다. 중요하게 생각하는 사람도 없다. 반드시 배워야 하는 기본적인 소양인데도 배우지 않고, 배워도 큰 도움이 되지 않는 어려운 공식만 열심히 외워야 하니 잘못돼도 한창 잘못된 일이다.

서양 교육은 다르다. 특히 미국 교육은 에세이 쓰기를 매우 중시한다. 프랑스도 그렇다. 왜 그럴까? 글을 써야 생각이 정리되고, 뇌에 밀도가 높아진다는 것을 서양인은 알고 있기 때문이다.

삶을 변화시키는 글쓰기의 효용성

글쓰기의 효용성에 관해서라면 내 이야기를 예로 드는 것이 좋을 것 같다.

알다시피 나는 공학을 전공했고 글쓰기와 전혀 관련 없는 사람이었다. 그런데 어떻게 글을 쓰게 되었을까? 반추해보면 흥미롭다.

내가 대기업 임원으로 재직할 때 함께 근무했던 한 상사가 있었다. 그 상사는 무척 바빴지만 과시하는 것을 좋아해 다른 사람의 부탁을 거절하지 못했다. 어느 날 점심식사를 하고 돌아온 그가 내게 의기양양한 목소리로 홍보실에서 1년 동안 고정 칼

쓰다

럼을 요청했다고 자랑했다. 나는 눈코 뜰 새 없이 바쁜 그가 칼
럼을 쓸 여유가 있을까 의아한 마음이 들었다. 아니나 다를까
상사는 다음 주에 해외 출장을 가야 하는데 내게 대신 칼럼을
써달라고 당연하게 부탁했다. 나는 순간적으로 짜증이 치밀어
"글이라는 것은 본인의 생각이고 철학인데 어떻게 대신 쓸 수
있느냐." 하고 따져 물었다. 상사는 대수롭지 않다는 표정으로
"내가 아침 회의 때마다 강조하는 말 있잖아. 정리정돈, 주인정
신…." 하면서 제목 12개만 불러주고는 '글쓰기'의 과제를 내게
떠넘겼다.

　나는 마흔이 될 때까지 특정한 주제에 대해 한 번도 글을 쓴
적이 없었다. 하지만 회사에서 내게 요구하는 역할 중에 상사를
보좌하는 것도 포함돼 할 수 없이 그날부터 칼럼을 쓰기 시작했
다. 40년 동안 글을 한 번도 써보지 않았던 사람이 특정한 주제
에 대한 칼럼을 쓸 수 있었을까? 거의 불가능했다. 나는 이삼일
을 거의 잠도 못 자고 헤매면서 글은 아무나 쓰는 것이 아니라
는 사실을 통감했다. 나 같은 사람이 글을 쓴다는 자체가 어불
성설이란 생각도 했다.

　그런데 당시 회사에는 운동권 출신 직원들이 많았다. 기업 대
표가 시위하다 구속되고 제적당하거나 졸업하지 못해 취업하
지 못하는 운동권 학생들을 안타깝게 여겨 수십 명 선발해 각

부서에 배치한 것이다. 내 부서에도 서울대학교 법학과를 나온 명석한 친구가 배치됐다.

어느 날 내가 임원실에서 여전히 칼럼을 쓰느라 전전긍긍하고 있는데, 이 친구가 요즘 무슨 일을 하느라고 두문불출하는 것인지 물어봤다. 나는 속마음을 털어놓을 수 있는 상대가 생긴 게 반가워 상사가 글쓰기 숙제를 떠넘겼는데 도저히 못 쓰겠다고 하소연했다. 내 고백에 이 친구는 대뜸 글쓰기를 도와주겠다고 말했다. 나는 기뻤지만 의심스러운 마음도 있어 글을 좀 쓰는지 물었다. 그러자 이 친구는 기막히다는 표정을 지으면서 "아니 이사님. 제가 여기에서 대리로 있으니까 우습게 보이세요? 제가 글 좀 쓰는 것 모르세요?" 단호하게 말했다.

나는 당연히 몰랐다. 알고 보니 이 친구는 운동권에서 대자보 담당이었다. 대학 시절 내내 수시로 나붙는 대자보를 직접 쓰거나 교정하는 것이 주된 임무였다. 나는 그제야 이 친구가 우리 부서에 전입했을 때 일이 떠올랐다. 다른 신입직원들은 내게 말로 자기소개를 하는데, 이 친구만 10페이지 넘는 글로 자기소개를 했다. 나는 이 친구가 건네 자기소개서를 읽었는데, 박완서 작가의 글만큼 좋을뿐더러 그가 어떤 사람인지 확실하게 알 수 있었다.

나는 이 친구에게 글쓰기를 도와달라고 부탁했다. 그런데 이 친구는 내게 글을 대신 써줄 수 없고, 대충이라도 써서 출력해주면 자기가 문장을 고쳐주겠다고 제안했다. 나는 그 친구 말에 따라 정말 괴발개발 글을 썼다. 그리고 A4 서너 장 분량의 글을 이 친구에게 건넸다.

이 친구는 빨간 펜으로 새빨갛게 문장을 바꾸고 삭제한 교정지를 돌려줬고, 나는 거기에 맞춰 다시 글을 썼다. 그러면 이 친구가 다시 내 글을 고쳐 돌려줬고, 내가 다시 쓰는 일이 반복됐다. 그렇게 일주일 정도 시간이 흘렀다.

어느 날 이 친구가 내 글을 가지고 와서 "이사님 이 정도면 될 것 같아요. 이사님은 '공돌이'인데도 글쓰기에 재능이 있으시네요." 이렇게 말하는 것이었다. 나는 드디어 글을 마무리했다는 안도감과 더불어 이 친구가 격려하는 우스갯소리로 치부했다. 하지만 이 친구의 말은 진지했다. "이사님 혹시 앞으로 직업을 바꾸시면 글쓰기 쪽으로 나가도 먹고사는 데 지장이 없을 것 같아요." 그것이 대리가 이사에게 하는 피드백이었다.

굉장히 오래전 이야기이지만 나는 아직도 그 장면이 생생하다. 그때 처음으로 글쓰기의 효용성을 느꼈다. 열두 가지 칼럼을 쓰다 보니까 특정한 주제에 대해 보는 눈이 달라지는 것을 느꼈다. 나는 그 사건이 삶에서 가장 중요한 터닝 포인트 중 하나라고 생각한다.

"글쓰기의 재정의는
생각 정리이다.
흐트러진 머리를 정리하는
최선의 방법이
바로 글쓰기이다."

만약 상사가 강제로 글쓰기를 떠넘기지 않았다면 나는 절대 글을 쓰지 않았을 것이다. 그 사건 이후 나는 글쓰기의 효용성은 물론 도전의 재미까지 깨달았다. 나는 당신이 한 단계 업그레이드한 삶을 원한다면 글쓰기에 도전하기를 권한다.

글쓰기의 출발점, 분노와 치유와 공부

글에는 여러 가지 종류가 있는 것 같다.

나는 처음에는 분한 마음을 풀기 위해 글을 썼다.

직장생활을 하다 보면 분한 일이 많다. 부당한 지시도 받고, 갈등도 생기고, 억울한 상황도 발생한다. 글이 언제 가장 잘 써지는지 아는가? 억울할 때 잘 써진다. 마음이 평화로우면 잘 써지지 않는다. 억울한 것이 많고 맺힌 것이 많을수록 글은 더 잘 써진다. 전문용어로 '치유의 글쓰기'라고 한다.

말은 처음에는 상대가 잘 들어주지만 시간이 지나면 짜증을 낸다. 좋은 이야기도 하루 이틀이지 맨날 자기한테 와서 징징대고 우는소리 하면 누구도 듣지 않는다. 슬슬 기피한다. 글쓰기는 다르다. 글쓰기는 펜과 종이만 있으면 된다. 컴퓨터 자판만 두드리면 된다.

나이가 들어서도 글쓰기는 중요하다. 자기가 겪었던 일이나 사건을 말이 아닌 글로 풀어내면 되는 것이다. 최근 눈 수술을 하느라고 며칠 동안 앞을 못 보던 시절이 있었는데 그때 그런 생각을 많이 했다. 내가 만일 글을 쓰지 않았으면 이 많은 시간 동안 무엇을 하면서 보낼 수 있을까. 나이 들수록 자기 삶을 회고하거나 누군가를 기록하는 글을 쓰는 것은 무척 중요한 것 같다.

둘째, 나는 공부하기 위해 글을 썼다.

책을 40권 이상 썼는데도 여전히 관심 가는 주제가 등장한다. 그러면 글을 쓰게 된다. 예를 들어 한자가 그렇다. 나는 한자를 되게 좋아한다. 한자를 보면 굉장히 많은 교훈이 많이 숨어 있다. 그래서 언젠가 한자 관련 책을 쓰고 싶었다. 그런데 내가 가진 한자 지식은 사실 사소하다. 별 볼 일 없다. 책을 쓸 때는 관련된 책을 30~40권 구입한다. 그래서 한자 관련한 책을 적어도 50권 이상 사서 읽었다.

글쓰기는 우선 정보 수집이 필요하다. 공부를 열심히 해야 한다. 그러면 서서히 지식이 쌓이는데, 그것의 총정리이자 마무리가 바로 글쓰기이다. 뭔가 공부하고 싶은가? 전문가 소리를 듣고 싶은가? 그 분야에서만큼은 압도적 지식의 우위를 가진 사람이 되고 싶은가? 그렇다면 글을 써보라. 글쓰기에 도전해보라.

글은 쉽게 쓸 수 없다. 쓰고 싶다고 쓸 수 있는 것도 아니다.

하고 싶은 이야기, 알려줄 이야기가 안에서 차고 넘쳐야 한다. 그것을 풀어낸 것이 글쓰기이다. 절대 그냥 써지지 않는다. 무엇보다 인풋이 많아야 한다. 책을 많이 읽은 사람만이 글을 쓸 수 있다. 내가 책을 40권 넘게 쓰게 된 가장 큰 이유는 20년 넘게 책소개를 직업적으로 했고 지금도 하기 때문이라고 생각한다.

쇼핑을 누가 잘하는지 아는가? 쇼핑을 많이 해본 사람이다. 유튜브도 그렇다. 요즘 유명 유튜버가 많은데 이들은 누구보다 많은 유튜브를 본 사람이다. 책도 그렇다. 책은 아무나 쓸 수 있는 것이 아니다. 특정한 분야에 심취해서 수없이 공부하고 경험한 사람들만이 글을 잘 쓸 수 있다.

특정한 주제에 대해 책을 쓰고 싶다면 특정한 주제에 대해 어마어마하게 많은 공부를 해야 한다. 책도 읽고, 관련한 사람들을 만나서 인터뷰도 하고, 대화도 나누어야 한다.

아는 것과 표현하는 것

글 쓰는 사람을 '저자(著者)'라고 한다. '나타날 저(著)' 자에는 빼어나다는 뜻도 담겨 있다. 모두 그런 것은 아니지만 책을 쓴 사람들은 일반인이 아니다. 특정한 주제에 대해 일반인보다 많이 알고 있어야 책을 쓸 수 있다. 그런 면에서 나는 사람을 두 종류로 나눈다. 글을 쓸 수 있는 사람과 글을 쓸 수 없는 사람이다. 당연히 글을 쓰는 사람이 글을 못 쓰는 사람보다 위 단계에 있을 확률이 높다.

과학자도 그렇다. 생물학자인 최재천 교수는 뛰어난 과학자이지만 왜 그렇게 지명도가 높을까? 최재천 교수보다 뛰어난 과학자는 분명 존재하겠지만 그분의 뛰어난 글쓰기 능력이 현재 위치에 한몫했다고 생각한다.

많이 아는 것과 아는 것을 전달하는 것은 완전히 다른 차원이다. '안다는 것'을 재정의해보자. 많은 사람은 자기가 듣고 본 것을 안다고 생각한다. 내 생각은 다르다. 안다는 것은 말로 표현하고, 글로 쓸 수 있을 때 진정한 앎이라고 할 수 있다. 얼버무리고, 글로 소화할 수 없는 것은 엄밀한 의미에서 아는 것이 아니다.

많은 사람이 자주 "알기는 하는데 표현을 못하겠어." 하고 말한다. 그것이 바로 모르는 것이다. 표현하지 못하는 것이 바로 모르는 것이다. 표현의 두 가지 축이 말하기와 글쓰기이다. 많은 사람이 말하기까지는 되는데 글쓰기로 넘어가지 못한다. 이 고비를 넘어서야 비로소 아는 것이다.

적은 비용과 시간으로 사람을 가장 많이 성장시키는 것 중 하나가 글쓰기이다. 특히 혼자 쓰는 것보다 여러 사람이 모여서 글쓰기를 하면 성장은 배가된다. 개인적으로 오프라인에서 일반인 대상으로 글쓰기 교실을 운영한다. 이름은 '글사세', '글 쓰는 사람이 세상을 바꾼다.'는 뜻이다.

운영 방식은 단순하다. 20명 정도 모아서 8주 과정으로 글을 쓰게 하는 것이다. 글쓰기의 중요성을 알려주고, 특정한 주제와 제목을 제시해 글을 쓰게 한다. 예를 들면 이런 것들이다. "처음에는 나빴다고 생각했는데 시간이 지난 다음 좋은 사건이라고 생각되는 것, 반대로 당시에는 좋은 일이었다고 생각했는데 지금 보니까 아닌 것은?", "내 인생을 바꾼 터닝 포인트는 무엇인가?", "나의 완벽한 하루", "내가 만난 귀인들", "오늘의 나를 만든 사람이나 책은 무엇인가?"…. 사람들은 각자 글을 써서 게시판에 올린다. 그러면 회원들이 감상을 주고받고, 나는 개인적으로 글을 첨삭하거나 "글은 좋은데 구체적인 사례가 있으면 좋겠다, 곁말이 너무 많다, 쓸데없는 말을 없애라, 내용은 좋지만 마무리가 약하다…." 피드백을 준다.

8주 동안 사람들은 놀라울 정도로 발전한다. 어떤 사람 글은 처음에는 중구난방이고 횡설수설해 읽기 어렵다. 나는 인내심을 가지고 글을 고치고 다양한 피드백을 준다. 그러면 그 사람의 글은 짧은 시간 안에 엄청나게 달라진다.

사람은 공부해야 성장할 수 있다. 공부의 으뜸은 역시 독서이다. 혼자 앉아 책을 읽고 생각해야 한다. 그런데 여러 사람과 같은 책을 읽고, 그 책에 대한 이야기를 나눌 때 더욱 성장할 수 있다. 지적 교류의 힘이다.

독서가 됐건 글쓰기가 됐건 지식은 나누고 부딪치고 피드백을 주고받을 때 시너지가 생긴다. 뇌에서 불꽃이 튄다. 네 생각과 내 생각이 다를 때 질문을 주고받게 된다. 내 생각이 틀렸다는 것을 인지하고 다른 사람의 생각을 받아들이면서 성장한다.

고집불통인 사람은 대부분 책을 읽지 않고, 책을 읽어도 혼자만의 생각을 간직하기 때문에 불통으로 전락하는 것이다. 독서와 글쓰기는 자기 확신을 깨는 과정이다. 사람은 끊임없이 자기의 알을 깨고 나올 때 발전하는 법이다. 개인적으로 글 쓰는 것도 중요하지만 자신의 글을 누군가 봐주고 피드백을 해줄 때 진정으로 불꽃이 튀고 발전한다고 생각한다.

◆ ● ◆ ● ◆

'커닝페이퍼 효과'라는 말이 있다.

학교 다닐 때 가끔 커닝페이퍼를 만든다. 시험에 나올 만한 내용을 작은 종이에 깨알처럼 쓴다. 그런데 쓰고 나면 커닝페이퍼

쓰다

A Habit of Abandoning Regret

"글쓰기는
창에 서린 성에를
닦아내는 것이다."

사용할 일이 없어진다. 왜 그럴까? 커닝페이퍼를 쓰면서 이미 생각이 정리된 것이다. 커닝페이퍼의 핵심은 요약이고 필사이다. 그것이야말로 글쓰기의 효용성이다.

그냥 아는 것은 휘발성이 강해서 바로 날아간다. 하지만 글로 옮겨놓으면 그게 내 지식이 된다. 글쓰기는 창에 서린 성에를 닦아내는 것과 같다. 생각이라는 것은 사실 안개 속에 있는 것 같다. 저걸 하면 어떨까, 이걸 하면 좋지 않을까 생각은 있지만 명료하지 않다. 생각은 반투명유리를 통해 세상을 보는 것과 같다. 그런데 글을 쓰면 훨씬 생각이 명료해진다. 모든 고민과 갈등, 선택과 결정이 명료해지면서 실수의 가능성이 줄어든다.

앞서 공부의 재정의는 '애매모호함에서 명료함을 추구하는 과정'이라고 이야기했다. 독서도 마찬가지이다. 그런데 글쓰기야말로 명료함을 추구하는 데 가장 큰 도움이 된다.

사람들의 생각은 실타래처럼 엉켜 있다. 엉킨 실타래에서 한 줄의 생각을 찾아 글로 한번 써보라. 반드시 장문의 글이 아니라도 괜찮다. 생각이 정리된다는 느낌을 받을 것이다. 생각이 정리되면 내 자신이, 타인이 보다 선명하게 보인다.

당신이 누구인지 한 줄의 글로 증명해보라.

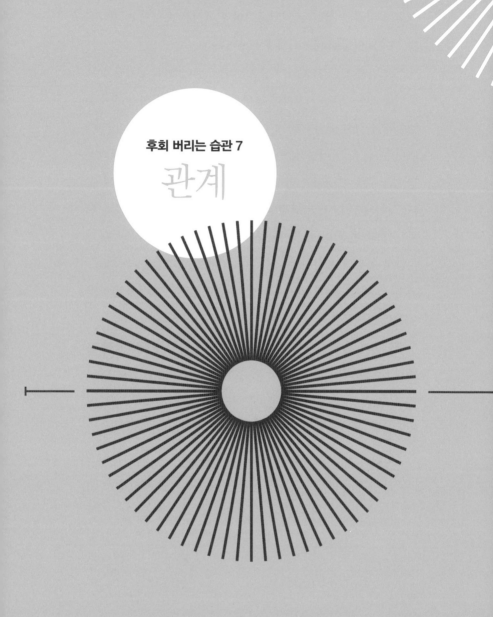

후회 버리는 습관 7

관계

만나다

내가 만나는 사람이 바로 나

일본에는 동시 고독사가 사회적 문제라고 한다.

고독사는 혼자 죽는 것이고, 동시 고독사는 둘이 같이 죽는 것인데 나이 많은 노인과 노년의 자식이 함께 죽는 것을 말한다. 이를테면 가족이라고는 몸을 움직이지 못하는 아흔 넘은 노인과 본인도 간신히 하루하루 살아가는 일흔 가까운 딸이 동시에 죽음을 택하는 것이다. 쓸쓸한 죽음의 풍경을 충분히 헤아릴 수 있다.

이토록 비극적인 일이 거듭되는 이유가 무엇일까?

관계의 단절이다. 아무하고도 관계 맺지 않고 단절된 생활을 하다 결국 혼자, 같이 죽는 것이다.

일본에는 히키코모리가 많다. 히키코모리는 우리말로 '은둔형 외톨이'라고 부른다. 방에 틀어박혀 나오지 않는 사람인데 일본에만 110만 명 정도가 있다고 한다. 110만 명에 딸린 가족을 4명이라고 가정하면 440만 가구 정도가 은둔형 외톨이와 같이 사는 셈이다.

은둔형 외톨이의 삶은 생각보다 다양하다. 방을 절대 나오지 않는 모습뿐만 아니라 편의점이 유일한 외출이거나 직장생활은 하지만 직장과 집만 왕복하는 사람도 외톨이의 삶을 살아간다. 이들의 공통점은 타인과 관계를 맺지 못하고 자기만의 세계에 빠져 있는 사람이라는 것이다.

인간(人間)은 사회적 동물이고, 한자처럼 사람 사이에 존재해야 하는데 그것이 되지 않으니 얼마나 힘들겠는가. 문제는 한국에도 제법 많은 은둔형 외톨이가 존재하고 점점 숫자가 늘고 있다는 것이다. 영국의 경우에도 고독한 사람들을 위한 정부기관인 '고독청'이 존재할 정도라고 한다. 이제 외로움, 관계 단절은 세계 공통의 문제인 것 같다.

좋은 관계란 무엇인가

지금 시점에서 관계란 무엇인가에 대한 생각을 한번 정리해 보자.

하버드 대학교에서 40~50년 동안 졸업생을 대상으로 조사한 연구 결과가 있다. 그들이 어떻게 나이를 먹고, 누가 가장 성공하고 실패했는지, 성공한 사람들의 공통점은 무엇인지 주기적으로 조사하고 추적한 것이다. 수십 년 동안 조사한 결과 성공의 핵심은 바로 대인관계였다. 폭넓은 사람과 충만한 관계를 유지하는 것이 삶에서 결정적인 역할을 한 것이다.

사실 하버드 대학교의 연구를 빗댈 것도 없이 주변을 살펴봐도 바로 알 수 있다. 가장 가까운 관계인 가족이 모여 사는 가정만 해도 그렇다. 아무리 바깥에서 성공하고 높은 권력을 가져도 가족과 관계가 나쁘면 집은 지옥이다. 반대로 아무리 경제적으로 힘들고 일이 고달파도 집이 평화롭고 가족과 함께 지친 심신을 쉴 수 있다면 그곳이야말로 천국이라고 생각한다. 핵심은 바로 부부관계이다. 개인적으로 가정에서 성공하는 것이 진정한 성공이라는 신념을 지니고 있다.

관계란 무엇일까?

좋은 관계는 어떤 것일까?

좋은 관계를 유지하기 위해서 무엇이 필요할까?

항상 그렇듯 관계도 재정의하는 것이 중요하다. '관계(關係)'의 '관(關)'은 '열쇠'를 뜻하는 한자어이다. 관계를 맺으려면 열쇠를 따고 들어가야 한다는 의미이다. 관계를 맺고 싶은가? 그러면 열쇠로 문을 따고 들어가라. 관계를 정리하고 싶은가? 열쇠로 잠그고 나오면 된다.

관계에서 핵심은 상대를 보는 관점이다. 그 사람을 보는 관점이 그 사람과의 관계를 규정한다. 그 사람을 어떻게 보고 생각하느냐에 따라 관계가 달라진다.

대표적인 것이 자녀와의 관계이다. 당신에게 자녀는 어떤 존재이고, 어떻게 재정의하는가? 많은 부모가 자녀를 소유물로 생각한다. 자기 소유니까 함부로 해도 된다고 생각한다. 마음대로 좌지우지하려 한다. 먹을 것과 입을 것은 물론 장래도 결정한다. 군대를 가야 할지 말아야 할지도 결정한다. 심지어 자식이 평생 함께 살 배필도 부모가 정해준다. 자녀의 일거수일투족에 모두 관여한다. 심지어 마음에 들지 않는 짝을 데리고 오면 '내 눈에 흙이 들어가기 전에는 그 사람과 결혼 못한다.'는 선언까지 한다. 참 딱한 일이다.

자녀는 소유물이 아니다. 내가 생각하는 자녀는 "하나님이 나한테 잠시 맡겨둔, 조만간 나를 떠날 귀한 손님"이라고 생각한다. 잠시 나를 스쳐 지나가는 손님이라고 생각하면 자식에게 함부로 할 수 없다. 그런데 아이가 공부를 못하면 못살게 군다. 자기 뜻과 다르다고 닦달한다. 자녀가 공부하는 기간은 그렇게 길지 않다. 학생 시절보다 살아가야 할 시간이 훨씬 길다.

고령화 사회에서는 부모와 자식이 같이 늙어가는데, 만약 둘 사이가 나쁘면 더욱 힘들어진다. 관계는 한 번 망가지면 회복하기 힘들다. 만일 자식을 손님으로 대한다면 함부로 하지 않을

"관계는 열쇠이다.

관계를 맺고 싶으면

열쇠로 따고 들어가면 되고,

관계를 정리하고 싶으면

열쇠로 잠그고 나오면 된다."

것이다. 왜 자녀의 전공 선택에 부모가 개입하는가? 왜 배우자 문제에 부모가 그렇게 깊게 관여하는가? 본인이 같이 살 것도 아니면서.

고부 갈등의 핵심 또한 관계의 갈등이다. 갈등의 핵심은 소유권 이전 분쟁이다. 아들을 결혼시켰다는 것은 소유권을 며느리에게 넘겨준 것이다. 이제부터 네가 우리 아들의 주인이라고 선언한 것이다. 그런데 자꾸 예전 주인이 나타나 따지는 것이다. 애가 수척해졌다, 밥을 더 줘라 마라… 간섭한다.

관계의 출발은 상대를 보는 관점에서 출발한다. 상대를 어떤 관점으로 보느냐가 굉장히 중요하다. 부부를 어떻게 볼 것인지, 자녀를 어떻게 볼 것인지, 밖에서 만나는 고객을 어떻게 볼 것인지… 이런 관점의 재정의가 상대와의 관계를 만든다.

속된 말로 갑질하는 사람들을 보면 어떤 생각이 드는가? 내가 생각하는 '갑질'의 재정의는 평소 을로 살아온 사람이 자신의 설움을 자신보다 못한 사람에게 푸는 지질한 행위이다. 왜 엉뚱하게 백화점 직원이나 주차장 직원을 못살게 구는가? 한강에서 뺨 맞은 사람이 종로에서 화내는 격이다. 비뚤어진 사람이다. 밖에서 모르는 사람에게 "당신 내가 누구인지 알아?" 아무렇지 않게 말하는 사람이 있다. 왜 상대가 생면부지인 사람을 알아야 하나. 참 모자란 사람들이다.

《논어》에 '출문여견대빈(出文如見大賓)'이라는 문장이 있다. 밖에서 만나는 모든 사람을 큰 손님처럼 대하라는 뜻이다. 나는 이 말이 정말 좋다. 만일 밖에서 만나는 모든 사람을 큰 손님으로 대한다면 세상은 굉장히 달라질 것이다.

관계를 맺기 전에 내가 사람을 보는 관점을 정리해야 한다. 부부, 자식, 직원, 상사, 관련 업체 사람, 이웃을 어떤 관점으로 보았는지 되돌아보라.

차이를 인정하면 상대를 좋은 사람으로 만든다

좋은 관계란 무엇인가?

한마디로 정의하기는 어렵지만 내가 생각하는 좋은 관계는 '상대를 서로 좋은 사람으로 만드는 관계'이다. 그 사람으로 인해 내가 조금 더 나은 사람이 되고, 나로 인해 그 사람 역시 좋은 사람이 되게끔 만드는 관계이다. 서로에게 긍정적인 자극을 주는 관계이다.

대표적인 것이 지적 자극이다. 서로 발전시키고 발전하고, 단점보다 강점을 발견해 빛나게 해주는 관계. 내가 필요한 것을 그가 채워주고, 그가 필요한 것을 내가 채워주는 관계. 내가 보지 못한 것을 그가 보고 그가 못 본 것을 내가 보는 그런 관계가 좋은 관계라고 생각한다.

좋은 부부관계의 핵심도 비슷하다. 좋은 부부관계는 서로 다른 두 사람이 만나 새로운 관계를 만드는 것이라고 생각한다. 그런 면에서 성격이 너무 달라 힘들다는 말에 동의하지 않는다. 다르기 때문에 더 좋을 수 있다고 생각한다.

예를 들어 나는 아내와 많이 다르다. 나는 정리 정돈을 못하지만 아내는 아주 꼼꼼하고 살림의 귀재이다. 나는 늘 물건을 흘리고 다니고 눈앞에 있는 물건도 찾지 못하지만 아내는 절대 그런 일이 없다. 아내는 실수가 잦은 나를 잘 보살펴준다. 한편 나는 낯선 사람들과 비교적 관계를 잘 맺지만 아내는 낯을 많이 가린다. 처음에는 둘이 다른 것이 낯설었지만 시간이 지나면서 오히려 시너지를 낸다고 생각한다. 차이 때문에 힘든 게 아니라 차이가 도움이 된다고 생각한다. 내가 못하는 일은 아내가 하고 아내가 못하는 일은 내가 한다. 흔히 성격 차이로 이혼한다고 말하는데, 나는 성격 차이가 있으면 결혼해야 한다고 생각한다. 모든 것은 관점의 차이이다.

가정에서 50대 이상 남성들이 좋은 관계를 유지하는 노하우를 하나 공개하고 싶다. 아무래도 아버지는 어머니보다 자식들과의 관계가 소원하다. 직장에서 능력을 인정받아도 가정에서 겉도는 남성들이 많다. 살아온 시대와 환경적인 특성도 있겠지만 해결 방법은 간단하다. 의견이 없어야 한다. 나는 집에서 의견이 없다. 나는 딸만 둘을 두었는데, 외식할 때 딸들이 원하는 것을 먹고, 가고자 하는 장소에 따라간다. 그런데 가장이 의견을 내는 순간 집안 분위기가 달라진다.

이를테면 주말을 맞이해 가족이 모처럼 외식하러 나갔는데 자녀는 파스타를 먹고 싶어 하는데, 가장이 감자탕에 소주 한잔 하자고 주장하면 분위기가 미묘해진다. 그럴 경우 내 욕구를 잠시 내려놓고, 가족 의견을 따르는 것이 현명하다. 사소해 보이지만 가족과 함께하는 일상 속에서 자신의 의견을 내려놓기 시작하면 좋은 가족관계를 유지할 수 있는 엄청난 효과를 불러온다.

삶의 품질이 관계의 품질이다

관계의 가장 중요한 원칙은 상대를 있는 그대로 인정해주는 것이다. 상대를 자기가 원하는 대로 뜯어고치려고 하는 것이 비극의 시작이다. 많은 직장인이 조직에서 인간관계가 가장 힘들다고 이야기하는데, 상대를 있는 그대로 인정한다면 다양한 갈등이 해결될 것이다.

관계가 왜 중요한가?

삶의 품질이 바로 관계의 품질이기 때문이다. 가족과 동료, 친구와 두루두루 원만하게 지내는 사람과 어디에서나 갈등과 불화를 일으키는 사람의 삶은 다를 수밖에 없다. 잘산다는 것의 핵심은 돈도, 권력도 아닌 관계의 품질이다.

관계의 종류는 과거완료형, 현재진행형, 미래형 세 가지로 나눌 수 있다.

과거완료형 관계는 과거에 알았지만 지금은 더 이상 유효하지 않은 관계, 과거 시점에서 종료된 관계이다. 초등학교, 중학교 동창이나 예전에 함께 일했던 동료가 그렇다. 지금까지 계속 연락을 주고받는 사람도 있다. 하는 일이 비슷하거나, 사는 곳이 겹치거나, 각자 정이 두터운 경우이다. 하지만 대부분은 그 시절 그 관계로 인연이 끝난 경우가 대부분이다.

관계와 관련해 중요한 단어가 '인연(因緣)'이다. 인(因)은 원인, 씨앗을 의미하고, 연(緣)은 실이 이어지는 것을 뜻한다. 다시 말해 인연은 이어질 수도 있지만 끊어질 수도 있다는 말이다.

세상의 인연을 다 이을 수는 없다. 불가능하다. 대부분의 인연은 그때 인연으로 그친다. 그래야 한다. 그런데 억지로 관계를 유지시키는 경우가 많다.

관계를 보면 그 사람의 성향을 알 수 있다. 현재진행형인지 과거와 미래를 지향하는지에 따라 성향을 구분할 수 있다.

과거 지향적인 대표 모임은 동창회이다. 향우회나 군대 모임도 포함된다. 물론 좋고 나쁘고 하는 문제는 아니다. 과거완료형 모임에서 미래 이야기를 하기는 어렵다. 아무래도 옛이야기를 많이 하게 된다.

나는 개인적으로 과거완료형 모임에는 시간을 많이 쓰지 않는다. 동창회에도 1년에 한두 번 정도 얼굴을 비추는 정도이다. 친구들이 보고 싶지만 그들을 만나 미래를 계획하는 일은 어렵다. 그들은 내가 과거에 한 일을 알고 있기 때문에 행동에 한계가 있다. 그래서 관계에도 균형감이 중요하다.

관계는 과거완료형, 현재진행형, 미래형을 어떻게 섞을 것이냐가 중요하다. 지내보니까 남녀노소가 섞인 모임이 제일 좋다. 제일 재미없는 모임은 구성원이 모두 남성 혹은 여성끼리 이루어진 경우이다. 비슷비슷한 사람끼리 모이는 모임은 사실 재미가 없다. 그것보다는 남녀노소가 섞인 모임이 시너지가 많이 난다. 뻔한 모임보다는 가슴을 설레게 하는 모임이 좋다.

당신이 만나는 모임의 목록을 만들어보라. 계속 이어질 모임, 횟수를 줄여야 할 모임, 새로운 모임에 대해 생각해보라. 관계를 위해서는 이런 질문을 해보라. 한때는 친했는데 지금은 연락이 끊긴 친구들은 누구일까? TV 프로그램 중 누군가를 애타게 찾는 프로그램이 있다. 만일 TV에서 내가 누군가를 찾는다면 누구를 찾고 싶은가? 어떤 이유로 찾고 싶은가? 관계에서 가장 강조하고 싶은 것은 대인관계의 원칙이다. 어떻게 하면 좋은 관계를 유지하고 관계의 품질을 높일 수 있을까, 들여다보는 것이다.

자기 자신과의 관계가 좋아야 한다

만일 당신만이 가지고 있는 대인관계의 원칙에 대해 질문한다면 어떻게 답하겠는가?

내가 생각하는 대인관계의 첫 번째 원칙은 우선 자기 자신과 관계가 좋아야 한다는 것이다.

대인관계 하면 대부분 남을 먼저 생각한다. 그렇지 않다. 남과의 관계가 좋으려면 자신과의 관계가 좋아야 한다. 그게 필수적이다. 자신과 관계가 안 좋으면 남과의 관계도 나쁠 수밖에 없다.

자신과 관계가 안 좋다는 것은 자존감이 낮다는 반증이다. 자존감이 낮으면 대수롭지 않은 말에도 신경질적인 반응을 보인다. 이를테면 오랜만에 만난 지인이 "얼굴 좋아지셨습니다." 반가워하면 "'아 그래요? 고맙습니다." 호응하면 된다. 그런데 버력 화를 내면서 "그럼 예전에는 안 좋았다는 말입니까." 하고 시비조로 응수하는 사람이 제법 많다.

자기 자신과 관계가 좋아야 자존감이 올라가고 무수한 관계에도 여유롭게 대처할 수 있다. 혼자 잘 놀아야 다른 사람하고도 즐겁게 어울릴 수 있다.

스티븐 코비가 이야기하는 관계의 세 단계가 있다.

첫 번째 단계는 의존적 관계, 두 번째 단계는 독립적 관계, 세 번째 단계는 상호의존적 관계이다.

의존적 관계는 엄마 손길이 필요한 아기 같은 단계를 일컫는다. 혼자서는 아무것도 못한다. 엄마가 이유식도 주고 기저귀도 갈아줘야 한다. 나이가 너무 어리거나 많으면 의존적 단계가 된다. 자립할 수 있는 나이에도 의존적 단계를 유지하는 것은 바람직하지 않다.

다음 단계는 독립적 단계이다. 혼자 힘으로 생활이 가능하다. 혼자 걸어 다니고 혼자 밥 먹고 혼자 경제 활동을 한다.

마지막 단계는 상호의존적 관계이다. 혼자서도 잘 놀지만 사람들과 스스럼없이 섞인다. 요즘 아이돌 그룹을 보면 대부분 함께 활동하고, 혼자 따로 다양한 분야에 도전한다. 나는 이상적인 형태라고 생각한다. 사람이 모든 일을 같이할 수는 없다. 혼자 할 수 있는 일은 혼자 하고, 함께해야 하는 일은 어울려 하는 것이다. 대인관계에서도 매우 중요한 원칙이다.

당신은 지금 어느 단계에 머물고 있는가?

여전히 의존적 단계에 머물고 있다면 어서 벗어나야 한다. 우선 독립적으로 공부하고, 생활하고, 활동할 수 있어야 한다. 그다음 부족한 점을 채워줄 수 있는 상호의존적 관계로 발전시켜야 한다.

내가 생각하는 대인관계의 두 번째 원칙은 내가 좋은 사람이 되어야 한다는 것이다.

늘 그렇듯 개념을 명료하게 하려면 그 단어의 반대말을 공부하면 된다. 좋은 사람의 반대말이 무엇일까? 나쁜 사람이다. 나쁜 사람은 누구일까? 내가 생각하는 나쁜 사람은 '나뿐인' 사람이다. 나밖에 없는 사람이 나쁜 사람이다. 그렇다면 좋은 사람은 누구일까? 나도 있지만 남도 내 눈에 들어오는 것이 좋은 사람이다. 그것이 중요하다.

부모가 흔히 "밖에 나가서 좋은 친구 사귀어라." 하는 이야기를 자주 한다. 그 이야기를 들으면 어떤 기분이 드는가? 나는 반감이 생긴다. 내가 나쁘면 좋은 친구가 오겠는가? 좋은 친구를 만나는 전제조건은 무엇인가? 내가 좋은 사람이면 좋은 친구가 온다. 유유상종이다. 내가 성격이 별로이면 좋은 친구들은 나를 반기지 않는다.

"자기 자신과
관계가 좋아야 한다.
내가 좋은 사람이 되어야 한다.
멀리 있는 사람보다
가까운 사람에게 잘해야 한다."

결혼도 마찬가지이다. 어떤 배우자를 만나고 싶은지 물으면 별다른 조건이 없다면서 외모, 성격, 경제 능력 등 여러 가지 조건을 붙인다. 나는 그런 사람을 만나고 싶으면 자신이 먼저 조건을 갖추어야 한다고 생각한다. 내가 좋은 사람이면 좋은 사람이 나에게 찾아오고 좋은 관계가 만들어지는 것은 당연하다.

내가 생각하는 대인관계의 세 번째 원칙은 가까운 사람에게 잘하라는 것이다.

멀리 있는 사람보다 가까이 있는 사람에게 잘해야 한다. 가까이 있는 사람의 대표는 가족이다. 가족과 남 중에서 누구한테 잘해줘야 할까? 많은 아버지가 친구와 이웃과 허물없이 지내지만 집에만 들어오면 입 한 번 떼지 않는다. 아내를 제외한 모든 여성에게만 친절하다. 이러한 아버지들의 특징은 밖에서는 잘하고 집에서는 못한다는 것이다.

《논어》에 '근자열 원자래(近者悅 遠者來)'라는 문장이 있다. '근자(近者)'는 '가까운 사람', '열(悅)'은 '기쁘다'라는 한자어이다. 가까이 있는 사람을 기쁘게 하라는 뜻이다. 이어지는 '원자(遠者)'는 '멀리 있는 사람', '래(來)'는 '오다'라는 한자어로 멀리 있는 사람이 온다는 뜻이다. 한마디로 가까이 있는 사람을 기쁘게 하면, 멀리 있는 사람이 온다는 말이다.

그런데 많은 부모가 반대로 하고 있다. 가까운 사람, 가족을 기쁘게 하는 대신 무관심으로 일관하고 속상하게 만든다. 결국 자녀는 부모를 외면하고 홀로 쓸쓸하게 늙어갈지 모른다.

가족뿐만 아니라 대인관계에서는 항상 가까이 있는 사람을 먼저 기쁘게 하는 것이 전제조건이다.

내가 생각하는 대인관계의 네 번째 원칙은 먼저 주어야 한다는 것이다.

먼저 주는 사람이 되어야 한다. '기브 앤드 테이크(Give and Take)'라는 영어를 자주 쓴다. 그런데 기브(Give), '주는 것'이 먼저 나온다. 한 단계 더 나아가 '밑지는 리더십'에 대해 이야기하고 싶다.

지인 중에 대기업 대표로 재직한 사람이 몇 명 있다. 그중 한 사람은 항상 밑져야 한다고 강조한다. 경제적으로, 시간적으로, 정신적으로 밑지는 길이 결국 나를 돕고 상대를 돕고 대인관계를 충만하게 한다는 것이다.

많은 사람은 업무와 관련해서 딱 부러진다. 받은 만큼 일하고, 대가가 없으면 희생하지 않는다. 일견 현명해 보이지만 사실 장기적으로 좋은 전략은 아니다. 자기 자신이 능동적으로 발전한다고 생각하는 업무라면 단기적으로 밑지는 것이 장기적으로 상대에게 신뢰와 감사를 북돋아 나에게 더 많은 혜택으로 돌아온다고 생각한다.

내가 생각하는 대인관계의 마지막 원칙은 어려운 사람에게 잘하라는 것이다.

모든 사람에게 잘할 수 없다. 모든 사람에게 친절하고, 베푸는 것은 아무에게도 잘하지 못한다는 의미와 비슷하다.

그렇다면 누구에게 잘해야 할까?

잘나가는 사람보다 어려운 사람에게 잘하는 편이 유익하다. 돌아가신 장인은 대학 학장을 지냈는데, 명절이면 유명하거나 고위직에 있는 사람보다 경비원, 급사 등 그늘에서 빛을 보지 못하는 직원들을 더 잘 챙겼다. 나는 당시에 장인이 왜 직원들까지 스타킹이나 양말 등 선물을 챙기고 신경을 쓰는 것일까 의아했다. 나는 장인의 장례식장에서 그 사람들이 조문을 와서 진심으로 애도하는 모습을 보고 장인의 깊은 뜻을 헤아릴 수 있었다.

유명하거나 고위직에 있는 사람들은 내가 신경 쓰지 않아도 수많은 곳에서 선물을 챙긴다. 나까지 보탤 필요가 없다. 나도 장인의 삶을 배워 적용하고 있다. 아파트 경비원, 자동차를 세차해주는 사람, 헬스장 코치에게 무심하지 않고 고마움을 표현하려고 노력한다. 그 사람들은 지금 빛을 발하지 못하지만 세상에서 누구보다 성실하게 자신이 주어진 길을 살아간다. 그 사람들에게 기울이는 조그만 관심은 몇 배의 기쁨으로 세상을 변화시킬 수 있다.

• • • • •

젊은 시절에 까칠하고 예민하다는 이야기를 많이 들었다. 그러다 보니 갈등도 많이 생기고 무엇보다 내가 힘들었다. 그런데 결혼하고, 아이를 키우고, 직장생활을 하면서 조금씩 깨달았다. 내가 가진 대인관계의 습관을 바꾸지 않으면 계속 힘든 생활을 할 것이라고.

내 자신에게 관대해지려고, 좋은 부모가 되려고, 가족에게 성실하려고, 먼저 베풀고, 어려운 사람의 사정을 헤아리려고 노력하면서 조금씩 변화했고, 지금은 많이 좋아졌다.

대인관계의 품질이 좋아져야 삶의 품질이 올라간다.

당신이 지금 관계를 맺고 있는 사람들을 되돌아보라. 가족, 이웃, 친구, 동료에게 나는 어떤 사람이고, 그들에게 나는 어떤 사람인지 되돌아보라. 그리고 어떤 관계를 버리고, 새롭게 맞이해야 할지 내가 살아온 관계의 습관을 재정의해보라.

지금 내가 만나는 사람이 바로 내 자신이다.

후회 버리는 습관 8

질문

묻다

좋은 질문과 경청을 습관하라

요즘 '감사일기'를 쓰는 사람이 제법 많다. 신에게든, 자기 자신에게든 하루하루 감사한 순간을 기록하는 것이다. 무심코 지나친 사소한 순간마저 감사하고, 내일을 향한 작은 디딤돌을 놓는 작은 기록인 것이다.

감사의 반대말이 무엇일까 생각한다.

감사의 반대말은 당연하게 생각하는 것이다.

코로나-19라는 유례없는 시간을 겪으면서 감사했던 순간을 자주 생각했다. 예전에는 마스크를 안 썼다. 당연하다고 생각했다. 마스크 없이 다닐 때 좋다, 감사하다, 그런 생각조차 하지 않았다. 하지만 요즘은 마스크만 벗어도 정말 감사할 것 같다.

당연하게 생각하지 않으려면 끊임없이 질문해야 한다.

사업도 그렇다. 질문하는 사람이 사업도 잘한다. 과거에는 당연하지 않았는데 지금은 당연한 것, 지금은 당연한데 미래에는 당연하지 않은 것을 끊임없이 질문하는 사람이 사업에 성공한다. 예전에 누가 물을 돈 내고 사 마셨는가? 지금은 모든 사람이

물을 사 마시는 것이 당연하다. 미래에는 공기도 사 먹지 않을까 생각한다. 공기가 나빠지면 편의점에서 공기를 1,000원 주고 사서 1시간 정도 들이마시지 않을까? 그것이 모두 당연하게 생각하지 않는 질문의 힘이다.

질문의 반대말

질문 또한 정확한 재정의를 내리는 것이 중요하다.

질문(質問)의 '질(質)'은 '바탕'을 뜻하는 한자어이다. 질문은 바탕을 묻는 것이다. 정확하게 무슨 뜻이냐고 묻는 것이 질문이다. 영어로는 '퀘스천(Question)'인데, '추구한다.'는 의미의 '퀘스트(Quest)'에서 비롯한 단어이다.

그렇다면 질문과 대답 중 어느 쪽이 더 어려울까?

답을 내는 것보다 질문하는 것이 훨씬 어렵다.

직장생활을 하다 보면 질문보다 정답이 정해져 있는 지시를 받는 경우가 많다. 지시를 받으면 신이 나지 않는다. 지시받은 사람은 머리를 사용하지 않고, 손과 발만 움직인다.

사람들은 질문을 받는 순간 생각하기 시작한다. 당신의 생각은 무엇이고, 왜 그렇게 생각하는지 질문을 받는 순간 스스로

"당연하게 생각하지 않으려면
끊임없이 질문해야 한다.
알고 싶은 것과
알고 싶은 것 사이의
격차를 줄이고 싶은
호기심이 있어야 한다."

고민하고, 더 나은 해답을 도출한다. 뇌를 가장 자극하는 열쇠가 바로 질문이다.

이런 질문을 던져본다. 엄청난 돈과 능력이 주어진다면 무엇을 할 것인가? 내 인생의 가장 큰 스승은 누구인가? 만일 사형선고를 받고 1년밖에 남지 않았다면 어떤 일을 할 것인가? 질문하려면 궁금한 것이 많아야 한다. 호기심이 많아야 한다.

'궁금(宮禁)'도 한자이다. '궁(宮)'은 경복궁, 창덕궁 같은 궁궐을 가리키는 한자어이고, '금(禁)'은 금지할 때 쓰는 한자어이다. 궁궐 안에서 일어나는 소식은 알려고 하지 말라는 의미이다.

질문하려면 호기심이 많아야 하는데 그렇다면 호기심은 무엇일까? 내가 재정의하는 '호기심'은 "알고 있는 것과 알고 싶은 것 사이의 격차를 줄이려는 모든 노력"이다.

알고 있는 것이 있어야 알고 싶은 것이 생긴다. 그 사람이 무슨 질문을 하는지, 질문을 잘하는지 못하는지 살펴보면 어떤 사람인지 조금은 알 수 있다.

좋은 질문이란 무엇일까?

모든 질문이 다 소중한 것은 아니다.

좋은 질문이 중요하다.

좋은 질문이란 무엇일까? 그보다 왜 사람들은 질문하지 않는 것일까?

한국인이 질문에 서툰 것은 유명하다. 예전에 어떤 기자회견 석상에서 한국 기자만 질문하지 않자 진행자가 일부러 배려했는데도 침묵하자 다른 나라 기자가 나서 질문한 일화가 화제가 된 적 있다.

많은 사람이 질문하지 않는 이유는 여러 가지이다. 가장 큰 이유는 안전하지 않기 때문이다. 불안해서 질문하지 않는 것이다.

구글에는 '아리스토텔레스 프로젝트'가 있다. 핵심은 업무 능력과 성과가 뛰어난 관리자들을 조사해 그들이 왜 일을 잘하고, 어떤 특징이 있는지 파악하는 것이다. 뛰어난 관리자가 속한 부서의 가장 큰 특징은 '안전'이다. 남의 눈치를 보지 않고 자유롭게 의견을 제시하고, 아무 질문이나 할 수 있는 안전한 분위기가 조성된 것이다.

현재 우리는 어떤가?

마음 놓고 누구에게나 서슴없이 질문할 수 있는가?

직장이든, 학교든, 모임이든 여전히 질문하려면 눈치를 많이 봐야 한다. 용기 내어 질문을 던져도 의견이 묵살대거나 '사차원'이라는 핀잔을 듣기도 한다. 질문하는 사람을 높게 평가하는

묻다

것이 아니라 '눈치 없는 사람', '튀는 사람' 취급하기 일쑤이다. 정말 잘못돼도 한참 잘못된 문화이다.

질문을 주고받기 위해서는 안전해야 한다. 그렇다면 안전한 환경의 핵심은 무엇일까?

우선 상대가 하는 말을 끊지 않고 끝까지 들어야 한다. 상대가 하는 말이 조리 없을 때는 적당한 시간에 정리하면서 말한 사람에게 이 말이 맞는지 물어봐주어야 한다.

질문과 대답의 과정 속에서 가장 중요한 부분은 '모르는 것은 솔직하게 모른다고 이야기하는 것'이다. 이를테면 회의 시간에 상사가 직원에게 안건에 대해 허심탄회하게 모른다고 이야기하면 안전한 분위기가 조성된다. 그런데 대부분의 조직은 반대이다. 상사는 모든 것을 알아야 한다고 생각한다. 직원도 비슷한 생각을 한다.

모든 것을 알고 있는 것이 가능하고, 가치 있는 일일까? 그런 상사가 이상적인 리더이고, 직원들의 존경을 한 몸에 받을 수 있을까? 과연 그가 이끄는 조직이 제대로 운영될까? 그렇지 않다.

몇 년 전 주말마다 모 은행 임원들을 대상으로 교육한 적이 있다. 우연히 휴식시간에 임원들끼리 "세상에서 우리 은행장이 제일 똑똑할 거야.""맞아, 그렇게 똑똑한 사람은 본 적 없어." 하고 나누는 이야기를 들었다. 나는 욕인지 칭찬인지 애매한 그

대화에서 임원들의 자괴감을 헤아릴 수 있었다. 임원들은 은행장이 '너무 똑똑해서' 그 앞에만 서면 위축되고, 자신도 모르게 늘 쓸모없는 사람이라고 생각하게 된 것이다.

직원이 앞에만 서면 작아지게 만드는 상사와 자신감을 북돋아주고 함께 일한다는 사실만으로 자부심을 가지게 하는 상사가 있다. 당연히 후자가 이상적인 상사이다. 내가 생각하는 안전한 분위기는 그런 것이다. 상사는 알면서도 모른 체하면서 직원의 의견을 구하고, 자유롭게 질문하고 엉뚱한 답변을 해도 눈치 주지 않는 자유로운 문화.

정치인, 기업인, 고위공직자 등 높은 위치에 있는 사람들은 답변보다 좋은 질문을 많이 해야 한다. 그런데 그들은 대부분 질문하지 않는다. 확신에 넘친 주장만 일삼는다. 자신은 모든 것을 알고 있다고 설교하고, 남의 의견을 귀담아듣지 않는다. 세상에서 가장 위험하고, 피해야 할 사람이 '질문 없는 사람'이다.

'아로간트(Arrogant)'라는 단어가 있다. '교만하다.'는 뜻인데, 어원이 '질문이 없는 사람'이다. 교만한 사람은 질문이 없다. 질문하는 정치인을 본 적 있는가? 정치인은 '질문의 탈'을 쓰고 주로 자기 이야기만 한다. 상대를 비방하는 데 주로 시간을 쓴다. 잠시 자기 확신을 접어두고 좋은 질문을 할 수 있다면 이 세상을 얼마나 멋지게 바꿀 수 있을까 안타깝다.

묻다

리더십의 핵심은 질문이다. 좋은 질문을 잘하는 사람이 리더가 되어야 하고, 그런 사람을 리더로 뽑아야 한다. 자기주장을 끊임없이 펼치는 사람보다 좋은 질문을 많이 던지는 사람이 세상을 바꾼다.

나만의 의견을 가져라

좋은 질문을 잘하려면 어떻게 해야 할까?

어떻게 해야 좋은 질문을 생산할 수 있을까?

좋은 질문은 어디에서 나올까?

우선 '아비트리지(Arbitrage)'라는 단어를 소개하고 싶다. 금융에서 쓰는 단어라 익숙하지 않을 텐데, 우리말로 '차익거래'라는 뜻이다. 예를 들면 이런 것이다. 오래전 미국 이자율은 3퍼센트 정도로 낮고, 한국 이자율은 10퍼센트 정도로 높았다. 두 나라 사이에 이자율이 7퍼센트 정도 차이가 생기자 다양한 투자가 이뤄졌다. 미국에서 3퍼센트 이자로 돈을 빌려 한국에서 10퍼센트 이자를 받고 빌려주는 것이다. 가만히 있어도 7퍼센트의 차익거래가 발생하는 것이다.

경제활동의 많은 부분이 사실은 차익거래이다. 부동산도 마찬가지이다. 투자 목적으로 집을 무리해서 구입하는 사람들은 내년 이맘때 지금보다 집값이 오른다는 것을 전제로 하기 때문이다. 차익을 가지겠다는 심리가 강하게 작용하는 것이다. 만약 지금보다 집값이 내리거나 똑같다면 성가신 일은 절대 하지 않을 것이다.

질문도 똑같다. 질문은 내 의견과 다른 사람 의견의 차이에서 나온다. 내 의견은 이런데 다른 사람 의견이 저럴 때 그 차이에서 질문이 생산된다. 따라서 질문을 잘하기 위해서는 의견이 있어야 한다. 만약 내 의견이 없으면 질문은 생산되지 않고, 다른 사람 의견을 받아들일 수밖에 없다. 아니면 그 사람 의견을 내 의견으로 생각하는 것이다.

당신은 자기만의 의견이 있는가?

정치, 경제, 육아, 자기계발 등 사회와 가정, 일상과 관련해 자기만의 분명한 의견이 없다면 지금부터라도 다양한 분야에 자기 의견을 만들기를 바란다.

일 잘하는 사람들이 있다. 흔히 '일머리'가 있는 사람들은 몇 가지 특징을 가지고 있다.

첫째, 스스로 동기부여[Self-motivation]가 되어 있다. 남이 나를 동기부여 하는 것이 아니라 '자발성'을 가지고 스스로 일할 이유를 알고 있다.

둘째, '업(業)'에 대한 자기만의 재정의를 하고 있다. 예를 들어 영업사원이면 자기 나름대로 영업의 재정의를 하고 있고, 방송국 피디이면 자신이 맡은 '업'의 재정의를 하고 있다. 남이 내린 재정의가 아닌 자기만의 재정의가 자기 분야의 무기가 된다.

셋째, 자기 의견이 있다. 직장생활을 하다 보면 자기 의견이 없는 사람이 많다. 그래서 무슨 일이든 할 수 있다고, 시키면 다할 수 있으니까 알아서 지시해달라고 말한다. 상사 입장에서 자기 의견이 없는 직원은 안타깝다. 나는 나름의 분명한 자기 의견을 가지고 도전하고 반항하는 직원을 더 신뢰했다.

자기 의견은 저절로 생기지 않는다. 지식이 있어야 자기 의견도 만들어진다. 공부하지 않고, 경험이 없고, 생각이 없으면 절대 자기 의견은 만들 수 없다. 구글이나 네이버에서 나오는 단편적 지식으로 내 의견을 만들 수 없다.

자기 의견이 없는 사람들의 특징은 쉽게 휘둘린다는 것이다. 여러 사람 말에 흔들려 자기 인생을 사는 대신 남의 인생을 따라할 가능성이 높다. 지식이 의견으로 변화하려면 자기만의 '지식견해(知識見解)'가 있어야 한다. 복잡하지 않다. 지식의 결과물이 '견'과 '해'로 나타나는데 여기서 '견(見)'이 바로 자기 의견, 영어로 '매점하다(Take a Position)'이다. 다른 사람 의견을 좇지 않고 나만의 입장을 분명히 해 '구하는' 것이다.

이스라엘 사람들이 삶의 지침으로 삼는 '후츠파 정신'도 일맥 상통한다. 남의 의견이 아닌 나만의 의견이 '담대함' '저돌'을 뜻하는 후츠파 정신이다. '식견(識見)'이라는 말도 이를 증명한 다. 흔히 식견이 있다는 말을 하는데 그 말의 뜻은 '식이 있어야 견이 생긴다.'는 말이다.

특정한 의제나 사업에 대해 나름의 식견을 가지고 싶다면 공 부를 해보라. 관련 분야에서 압도적인 지식을 축적해보라. 그러 면 저절로 자기 의견이 생길 것이고, 내 의견과 다른 사람 의견 사이에서 좋은 질문이 나올 것이다. 그리고 그 질문을 통해 삶 은 한 단계 업그레이드될 것이다.

통념에 저항하고, 시공간의 축을 바꿔라

다시 한 번 강조하지만 가장 중요한 것은 좋은 질문이다.

질문이라고 다 좋은 질문은 아니다. 나쁜 질문도 많다. '했어? 안 했어?' 이런 질문은 좋지 않다. 부정적인 질문도 좋지 않다. '그것 왜 안 했어? 왜 일을 이따위로 하는 거야?' 이런 질문은 정말 나쁘다. 이것은 질문이 아니라 질책이다. 질문을 가장한 지시, 유도하는 질문, 뻔한 질문 모두 좋지 않다.

과거형 질문보다는 미래형 질문이 좋다. 우리는 툭하면 과거를 따진다. 잘했느니 못했느니, 옳고 그르니 따지는 것보다 미래형 질문이 바람직하다. 잘잘못을 따지는 것보다 앞으로 어떻게 해야 행복하고, 여유롭게 살 수 있는지 질문해야 한다. 선거에서도 그런 질문을 던지는 정치인을 선택해야 한다.

그렇다면 좋은 질문이란 어떤 것일까?

첫째, 통념에 저항하는 질문이 좋은 질문이다.

통념은 모든 사람이 진실이라고 믿고 있는 말들이다. 대표적으로 '부부싸움은 칼로 물 베기'라는 말이 있다. 말이 된다고 생각하는가? 부부가 많이 싸울수록 사이가 좋아진다니 어림없는 소리이다. 싸우지 않고 화목하게 지내는 것이 최선이다.

'삼시 밥이 보약이다.'라는 말에도 동의하지 않는다. 젊어서는 삼시 세끼가 보약일 수 있지만 나이 들어서는 아니다. 또 한식이 최선인 것도 아니다. 단백질은 적고 양념이 너무 많아 맵고 짜기 때문에 자칫하면 혈압이 올라간다. 나처럼 예순이 넘어가면 삼시 세끼는 많다. 저녁은 줄이거나 안 먹어도 된다. 나이 들어서는 세 끼보다는 두 끼 정도가 낫다고 생각한다. 물론 개인차가 있다.

모든 진리는 통념에 저항하는 데서 나온다. 대표적인 것이 정기운항선이다. 지금은 배 운항 시간이 정해져 있다. 예전에는 그렇지 않았다. 과거에는 승객과 짐이 모두 차면 비로소 출발했다. 정기운항, 정시출발, 정시도착이라는 개념 자체가 없었다.

그 통념을 처음으로 깬 사람은 부자가 됐다. 벤저민 마셜(Benjamin Marshall)이 1818년 처음 이런 생각을 했다. 뉴욕에서 런던으로 가는 배에 이 생각을 적용했다. 언제 배가 출발할지 예측할 수 없는 불확실성을 깨고 싶었던 것이다. 모두 그를 미친 사람으로 취급했다. 그런데 산업화가 진행되면서 동시성을 중시하게 됐다. 동시성은 '동시에 일을 해야 생산성이 올라간다.'는 개념이다. 예전에는 화물이 차야 배가 출발했지만 이제부터 일단 시간을 정해놓고 출발하자는 것이다. 그것이 바로 통념에 저항하는 것이다. 통념에 저항하면서 새로운 사업이 만들어진 것이다. 대부분의 혁신은 통념에 저항할 때 나온다.

둘째, 재정의를 묻는 질문이 좋은 질문이다.

세상에 떠도는 이야기 중에 애매모호한 단어가 많다. 대표적인 말이 변화이다. 많은 사람이 급변하는 세상에 발맞춰 변화해야 한다고 주장한다. 그런데 변화란 무엇인지 질문하면 제대로 답변하는 사람이 거의 없다. 변화에 대한 나름의 명확한 재정의를 하지 않았기 때문이다. 아니, 재정의를 하지 못해서이다. 물론 재정의는 고도의 지적 작업이라 생각만큼 쉽지 않다.

내가 생각하는 변화의 재정의는 이렇다. "간절히 원하는 것을 얻기 위해서, 엄청난 고통을 감내하고, 새로운 습관을 만들어내는 것"이다. 변화의 재정의를 몸에 응용해보자. 내가 '똥배'를 가지고 있다고 가정해보자. 가장 먼저 할 일은 몸의 변화가 얼마나 간절한지 스스로에게 묻는 것이다. 간절히 원하지 않으면 변화는 시작조차 할 수 없다. 그다음 식사를 조절하고, 운동하는 고통을 감내할 수 있는가 하는 질문이다. 그것을 견뎌내야 몸의 변화가 가능하다. 마지막이 중요하다. 그것을 내 습관으로 만들 수 있는가 하는 질문이다. 사람들이 변화에 실패하는 이유는 이 세 가지 질문 중 하나도 충족하지 못하기 때문이다.

버릇으로 하는 말이 있다면 그 말에 대한 정확한 재정의가 선행해야 한다. 재정의야말로 삶을 변화시키는 가장 좋은 질문이다.

셋째, 시간과 공간의 축을 바꾸는 질문이 좋은 질문이다.

우리는 항상 지금 시점에서 의사결정을 한다. 이를테면 홧김에 회사를 그만두는 사람이 있다. 상사나 동료와 빚은 갈등 때문에 충동적으로 사표를 집어던지는 것이다. 가장 쉽지만 두고두고 후회하는 것이 바로 이런 의사결정이다. 실행할 때는 후련하지만 결코 지혜로운 결정이 아니다. 이럴 때 나는 이런 질문을 던진다. "지금의 이 결정을 내년 이맘때도 잘했다고 생각할 자신이 있는가? 후회하지 않을 자신이 있는가?"

공간의 축에 관한 질문도 중요하다.

우리는 항상 비슷한 사람끼리 어울린다. 교사는 교사끼리, 군인은 군인끼리, 젊은이는 젊은이끼리. 그러다 보면 사고가 늘 제한된다. 기업도 마찬가지이다. 매일 같은 직장 동료와 어울리면 외부인의 생각을 알기 어렵다. 객관적인 판단을 할 수 없어 자기들의 성과를 칭찬하고, 근시안적인 계획만 세운다. 그럴 때 공간의 축을 바꾸는 질문을 던지는 것이 중요하다.

"협력업체나 고객도 여기에 동의하나? 우리 제품이 최고라는 사실을 어떻게 증명할 수 있나? 그런데 왜 판매가 미미한가?"

지금이 아닌 미래, 여기가 아닌 바깥으로 시선을 확장해 시간과 공간의 축을 바꾸는 질문이야말로 당연하게 여겼던 삶의 습관을 깨우는 대답을 불러올 수 있다.

넷째, 역지사지의 질문도 좋은 질문이다.

많은 사람이 상대 입장에서 생각하려고 노력하지만 말처럼 쉽지 않다. 머리로는 모두 이해하고 있지만 실천을 어려워한다.

비즈니스 코칭이 직업 중 하나여서 대기업 임원이나 계열사 대표와 만날 기회가 많다. 한번은 대기업에 새로 영입된 상무를 코칭하게 됐다. 그는 글로벌 기업에서 성과를 인정받아 스카우트된 경우였다. 그는 코칭 과정에서 내게 기업에 관한 불만을 넌지시 털어놓았다. 처음에는 자신을 영입하기 위해 온갖 노력

"질문과 경청은

존중에서 태어난 쌍둥이이다.

상대를 존중하지 않으면

질문은 나올 수 없다.

질문과 경청에 깔린

가장 큰 철학은 바로 존중이다."

을 기울이더니 막상 옮긴 뒤로 지나치게 성과를 따진다는 것이다. 매출이나 이익이 올라가지 않으면 무시당한다는 기분마저 든다고 하소연했다.

코칭은 10여 차례 진행되는데, 서너 번 만날 때마다 계속 기업에 대한 불만을 털어놓았다. 어느 날 나는 답답한 마음에 "만일 상무님이 대표라면 당신을 어떻게 다루겠습니까?" 하고 질문했다. 그는 깜짝 놀라 한참 동안 고민한 뒤 "저라도 그랬을 것 같아요." 하고 머쓱한 표정을 지었다.

그 기업 기조는 '숫자가 인격'이어서 아무리 다른 업무에 탁월해도 매출과 이익 같은 숫자로 성과를 내지 못하면 인정받지 못하는 분위기였다. 그는 역지사지의 질문을 통해 능력 여하를 떠나 이 기업에서 자신의 역할과 변화를 모색해보는 계기를 마련할 수 있었다.

◆ ● ◆ ● ◆

퀴즈를 하나 낸다.

사이가 나쁜 부부, 음치, 즉석 스피치를 못하는 사람들의 공통점이 무엇일까?

바로 경청이다.

사이가 나쁜 부부는 아내가 이야기할 때 남편은 신문이나 TV를 보면서 건성으로 대답한다. 상대 말을 열심히 듣지 않는다. 음치는 소리만 지르지 음을 듣지 못한다. 음치 치료를 위해서 상자를 뒤집어쓰고 노래를 부르게 한다. 자기 소리를 듣게 하는 것이다. 즉석 스피치를 잘하려면 앞서 이야기하는 사람이 무슨 말을 했는지 제대로 들어야 한다. 그래야 주제와 맥락에 따른 즉석 스피치를 할 수 있다. 경청하지 않으면 제대로 할 수 없는 행위들이다.

질문과 경청은 쌍둥이이다. 그런데 묻는 것보다 듣는 것이 우선이다. 먼저 잘 들어야 좋은 질문이 나오고, 답변도 잘할 수 있다. 사람들이 질문하지 않는 이유는 상대가 열심히 듣지 않기 때문이다. 상대의 입을 열기 위해서는 내가 먼저 상대의 말을 열심히 들어야 하는데 그것이 바로 경청이다. '경청(傾聽)'의 '경(傾)'은 '기울이다.'는 뜻이다. 몸을 기울여 듣는 것이 경청이다. 경청은 두 귀로 상대를 설득하는 방법이다.

사실 경청의 중요성을 모르는 사람은 없다. 경청을 잘했는지 알 수 있으려면 상대 입에서 "어떻게 하다 내가 이런 이야기까지 했지?"라는 말이 나올 수 있어야 한다.

소통은 상대에 따라서 굉장히 달라진다. 상대가 내 말을 잘 듣는지, 추가로 질문하는지, 반응이 좋은지 등에 따라 내 말도 달라진다. 말로 먹고사는 내 경우도 어떤 상황에서는 구린 입조차 떼기 싫은 사람이 있다.

질문과 경청은 소통의 양대 축이다. 소통을 잘하고 상대와 좋은 대인관계를 맺기 위해서는 안전한 분위기를 만들 수 있어야 한다. 상대를 완전 무장시키는 대신 무장 해제시킬 수 있어야 한다. 그다음 겸손한 질문을 던질 수 있어야 한다.

겸손한 질문은 나를 낮추고 상대를 높일 수 있어야 한다. 상대에 대한 존중이 밑바탕에 깔려 있어야 한다. 상대를 존중하지 않으면 질문은 나올 수 없다. 질문과 경청에 깔린 가장 큰 철학은 바로 존중이다. 존중의 밑바탕에는 모든 사람이 인간으로서 가치가 있다는 믿음이 있어야 한다.

당신이 가장 가까운 사람에게 자주 던지는 질문은 무엇인가?

그 질문의 습관 속에 당신이 타인과 맺고 있는 관계의 대답이 있다.

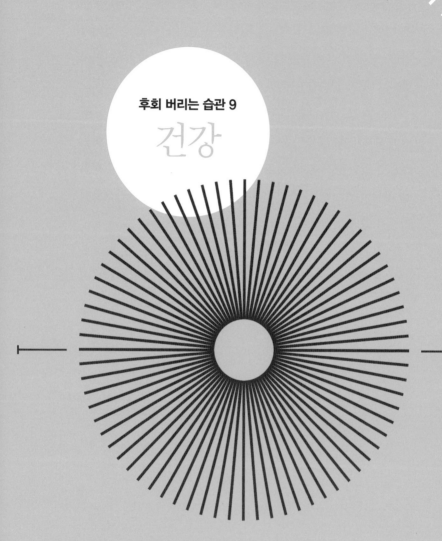

후회 버리는 습관 9

건강

운동하다

몸은 그 사람 인생의 이력서이다

나 역시 노년으로 접어들다 보니 주변 노인들의 이야기를 귀담아듣게 된다.

얼마 전 노인들이 주고받는 우스갯소리를 들었다. 요즘 복지관에서 어른들끼리 만남을 주선하는 경우가 많은데, 반드시 물어보는 질문이 있다고 한다. 상대가 제 발로 걸어 다닐 수 있느냐는 것이다. 어른들끼리 아무렇지 않게 주고받는 우스갯소리였지만 마음 한편이 쓸쓸했다.

여든, 아흔 넘으면 자기 발로 걸을 수 있는 사람이 많지 않다. 젊은 시절에는 내 발로 걸어 다니는 일이 너무 당연하지만, 나이가 들어서는 그 당연한 일이 더 이상 당연하지 않다. 그런데 아흔이 훌쩍 넘은 연세에도 스스로 걷고, 일거리를 손에서 놓지 않는 건강한 어른도 많다. 비결은 무엇일까?

젊은 시절부터 내 몸을 돌봐야 한다. 내가 내 몸을 돌보지 않으면 나이 들어 내 몸이 반란을 일으킨다. 나는 이것이 정말 두렵다. 몸이 내게 복수를 한다고 생각만 해도 아찔하다.

건강이란 무엇인가

건강에 대해 어떻게 생각하는가?

누구나 말로는 건강이 소중하다고 이야기하지만 습관 속에, 생활 속에 녹아 있는가?

모든 것이 그렇듯 건강도 재정의가 중요하다.

우선 건강 이전에 몇 가지 다른 언어를 공부해보자.

'존재(存在)'라는 말은 누구나 알 것이다. 그런데 '존(存)'과 '재(在)'의 차이를 아는가?

'존'은 존재하지만 보이지 않는 것이다. 예를 들면 돌아가신 우리 아버지는 보이지 않는다. 하지만 내 머릿속에는 살아 있다. 그것이 존이다. 그러니까 소프트웨어이다. '재'는 하드웨어적으로 실제 내 눈앞에 있는 것이다. 그래서 교수 연구실 방문에 '존실(存室)'이 아닌 '재실(在室)'이라고 쓰여 있다. '방 안에 있다.'는 의미이다. '존재'는 소프트웨어가 앞, 하드웨어가 뒤에 위치한다.

'도로(道路)'라는 단어도 공부해보자. 그런데 '도(道)'와 '로(路)'의 차이를 아는가?

'도'는 영어로 '웨이(Way)', '방법'을 의미한다. 영어에서 성공하는 방법, 운동하는 방법 등을 말할 때 '웨이'를 사용한다. 나아가 '도'는 깨달음을 터득할 때 사용하는 한자어이기도 하다. '도를 깨달은 사람'을 나타내는 '도사(道士)' 같은 단어에 쓴다. 소프트웨어를 의미한다. '로'는 하드웨어이다. 을지로, 종로, 방배로 등 길을 나타낼 때 쓰는 한자어이다. '도로' 또한 소프트웨어가 앞이고 하드웨어가 뒤에 위치한다.

'고통(苦痛)'도 마찬가지이다. '고(苦)'는 '고민' 같은 정신적인 괴로움을, '통(痛)'은 몸이 아픈 것을 의미한다. '통증클리닉'이라고 하지 '고증클리닉'이라고 부르지 않는다.

존재, 도로, 고통 모두 소프트웨어가 앞이고, 하드웨어가 뒤에 나온다. 그런데 건강은 어떤가?

'건강(健康)'이라는 한자를 살펴보자. '건강할 건(健)'을 파자해보면 '사람 인(亻)'과 '세울 건(建)'으로 구성되어 있다. '건(建)'은 '건물', '건축' 같은 단어에 쓰인다. 하드웨어이다. 나는 물리적으로 건강한 사람은 건물처럼 우뚝 서 있다는 뜻으로 해석한다. 건강한 사람은 서 있는 자세가 다르다. 건강이 나빠지면 자세가 흐트러진다. 어깨가 굽거나 등허리가 삐딱해진다.

건강의 '강(康)'은 '편안하다.'는 뜻이다. 정신적인 건강함을 의미한다. '강녕을 빌다.' 할 때 사용하는 한자어이다.

건강은 다른 단어와 달리 하드웨어가 앞이고, 소프트웨어가 뒤에 위치한다. 왜 그럴까?

나는 정신보다 육체가 앞이라는 뜻이라고 해석한다. 육체가 무너지면 다 무너진다. 정신보다 육체가 먼저라는 말이다. 정신보다 몸이 주인이다. 그런 면에서 교육에서 흔히 말하는 '지덕체(智德體)'는 잘못됐다. '체덕지(體德智)'가 올바르다. 건강이 제일 먼저, 다음은 덕, 마지막이 지라는 말이다.

나는 일본의 소설가 무라카미 하루키를 좋아한다. 그는 마라톤 마니아이다. 하루키는 왜 그렇게 열심히 뛸까? 그가 쓴 《달리기를 말할 때 내가 하고 싶은 이야기》를 보면 이런 대목이 나온다.

젊어서 아무리 필력이 좋은 작가도 나이가 들면서 글 쓰는 동력이 떨어진다. 몸이 나빠지면서 뇌 활동이 무뎌지고 필력까지 나빠지는 것이다. 하루키는 그렇게 살고 싶지 않았다. 평생 몸을 갈고닦고 싶었고, 그것이 마라톤에 목숨을 건 이유이다. 그래서인지 하루키는 아직도 청년 같은 이미지이다. 이 사람은 정신보다 몸이 먼저라는 사실을 알고 있었고, 이를 지키기 위해 열심히 운동한 것이다.

가장 중요한 자유, 육체적 자유

나도 하루키와 비슷하게 생각한다.

"육체가 무너지면
다 무너진다.
정신보다 몸이 주인이다."

몸이 무너지면 다 무너지고, 미리미리 몸을 잘 갈고닦아야 한다. 내가 10년째 꾸준히 헬스를 하는 이유이다.

사람들은 대부분 자유로운 삶을 원한다. 나 역시 자유를 원한다. 내게 가장 중요한 가치는 자유이다. 그런데 자유 하면 무엇을 생각하는가? 경제적 자유, 육체적 자유, 시간적 자유 등을 생각한다. 그중 가장 중요한 자유가 무엇일까? 나는 육체적 자유가 가장 우선이라고 생각한다. 내 몸을 내 마음대로 움직일 수 있는 자유, 그것이 가장 귀하고 소중하다.

나이 들어서도 지팡이나 다른 보조기구에 의존하지 않고 내 발로 걸어 다닐 수 있는 자유가 가장 소중하다. 사실 젊어서는 별것 아닌 것 같다. 그런데 나이 들어 걷지 못하는 사람이 수두룩하다. 이동의 자유를 잃는다. 내가 원할 때 원하는 곳에 내 힘으로 갈 수 있는 것, 그게 자유 중 으뜸이다.

건강을 잃는다는 것은 소중한 자유 하나를 잃는 것과 같다. 그런 면에서 몸은 집주인이고 정신은 세입자라고 생각한다. 집주인인 몸이 나가라고 하면 세입자인 정신은 언제든 나가야 한다. 몸이 무너지면 마음도 무너진다. 내가 생각하는 몸은 그 사람 인생의 이력서이다. 몸을 보면 그 사람이 어떻게 살아왔는지 볼 수 있다. 몸이 그 사람의 전부이다.

건강 주권이라는 말을 들어봤는가?

한마디로 내 건강은 의사가 아닌 내가 지킨다는 것이다. 너무 당연한 말이지만 사실 이를 실천하는 사람은 많지 않다.

'건강 주권'이라는 말은 척추 신경전문의 출신의 조한경 원장이 쓴 《환자 혁명》이라는 책에 나온다. 핵심은 명확하다. "내 건강은 내가 공부해서 알아서 챙겨라." 많은 사람은 자기 몸에 대해 공부하지 않는다. 뼈나 근육 이름도 모른다. 건강에는 관심이 많지만 몸에 대해서 아는 것도 없고 알려고 하지도 않는다. 모든 것을 의사에게 외주를 주고 있다. 어디가 아프면 원인은 생각하지 않고 바로 병원에 가서 의사를 만난다. 의사가 약을 처방하면 먹고, 수술 받으라고 하면 그대로 따른다. 위험하다.

사실 나도 그랬다. 내 몸에 대해 별다른 관심을 가지지 않았다. 건강했기 때문이다. 내가 몸에 관심을 기울이게 된 건 10년 전쯤 '오십견'이 왔을 때이다. 50대 중반이었다. 오십견은 경험해보지 않은 사람은 그 불편함을 알 수 없다. 내 경우는 팔이 안 올라갔다. 오른팔이 올라가지 않으니 택시를 잡을 수 없었다. 옷 갈아입는 것도 힘들다. 화장실에서도 불편하다. 오십견을 치료하려고 온갖 일을 했다. 한의원에 가서 침도 맞고 정형외과에 찾아가서 주사도 맞았다. 그런데 잘 낫지 않았다.

그러다 지인 손에 이끌려 헬스장에 갔다. 회당 비용이 제법 비쌌다. 처음에는 거부감이 컸다. 운동하는 데 돈을 내야 한다는 것도 이해할 수 없었다. 그런데 젊은 트레이너에게 코칭을 받으면서 무릎을 꿇었다. 내가 몸에 대해 너무 무지했다는 사실을 깨달았기 때문이다. 오십견은 너무 어깨를 쓰지 않아 생긴 것이었고, 어깨를 움직이는 훈련을 하면서 점점 근육이 풀리는 것을 느꼈다. 그렇게 낫지 않던 오십견을 헬스장 가서 두세 달 만에 운동으로 해결했다.

오십견과 동시에 온 것이 퇴행성관절염이다. 걸을 때마다 무릎이 삐거덕거리는 것이다. 특히 계단 내려갈 때 신경이 쓰였다. 그때 나이 든 분들이 지하철 계단을 내려갈 때 고통스러워하는 이유를 알았다. 나도 조만간 저렇게 되겠구나 하는 자각이 왔다.

뭔가 조치를 취하지 않으면 미래의 내 모습이라는 생각이 들었다. 그래서 병원에 갔는데 의사는 아주 담담했다. 나이 들면 생기는 당연한 현상이니까 그냥 받아들이라는 식이었다. 이 역시 헬스장에서 무릎 강화 훈련을 하면서 해결할 수 있었다. 무릎 주변의 근육을 키우니까 삐거덕거리는 것이 사라졌고 오히려 더 좋아졌다. 그 헬스장에서 매주 두세 번씩 코칭을 받고 운동을 하면서 나는 나이가 들수록 건강해진 것이다.

운동이란 무엇인가

운동이란 무엇일까?

한자를 보면 실마리를 찾을 수 있다.

'운동(運動)'은 '운수 운(運)' 자와 '움직일 동(動)' 자가 합쳐진 단어이다. 나는 '운동을 해야 운이 생긴다.'는 뜻으로 해석한다. 10년 전쯤 강원도 오지에 살면서 수많은 사람을 치료한 김영길 선생이 쓴 《누우면 죽고 걸으면 산다》라는 책을 인상 깊게 읽었다. 선생의 주장은 간단했다. 아프고 피곤하다고 자꾸 누워 있으면 계속 나빠지니 죽기 살기로 걸으라는 것이다.

내가 생각하는 운동은 운을 불러들이는 행위이다. 운이 좋은 사람이 되기 위한 최선이 바로 운동이라고 생각한다. 운동하면 운이 들어오고 운동하지 않으면 운은 달아난다.

중요한 손님맞이나 약속을 앞두고 어떤 준비를 하는가?

옛날 사람들은 목욕재계를 했다. 신성한 마음으로 몸을 씻은 다음 모임에 나갔다. 나는 목욕재계 대신 '운동재계'를 한다. 운동재계는 운동으로 몸과 마음을 깨끗이 정리 정돈한다는 뜻이다.

운동하기 전에는 찌뿌둥해도 몸을 움직이고 땀을 흘리고 나면 사람이 달라진다. 몰라보게 혈색이 좋아진다. 건강해 보인다.

당연히 상대에게 신뢰를 준다. 운동하면 개운하다. 내가 생각하는 '개운'은 '개운(開運)'이다. '열 개(開)' 자에 '운세 운(運)' 자가 합쳐진 단어로 운이 열리는 듯한 기분이다. 그럴듯하지 않은가?

운동하면 가장 좋은 것이 무엇일까?

'관상(觀相)'이 달라진다.

관상은 '관형(觀形)'과 '찰색(察色)'으로 나눌 수 있다.

관형은 생긴 모양이다. 오뚝한 코, 뚜렷한 이목구비 등을 말한다. 이것은 부모가 물려준 DNA이기 때문에 우리가 바꿀 수 없다.

찰색은 얼굴색을 뜻한다. 사실 찰색은 건강의 리트머스 시험지이다. 얼굴색을 잘 관찰해보면 그 사람의 건강 상태를 알 수 있다. 건강하고 생활습관이 규칙적인 사람과 그렇지 않은 사람은 얼굴색이 다르다.

나는 운동하는 도중에 세수를 자주 하면서 거울을 본다. 처음 헬스장에 왔을 때는 얼굴색이 누르죽죽했다. 그런데 힘든 운동을 하거나 근력 운동을 하면 점점 혈색이 도는 것이 느껴졌다. 심장이 뛰는 것이 느껴졌다. 혈색이 점점 좋아지면서 얼굴이 밝아졌다.

인생을 바꾼다는 것은 얼굴을 바꾸는 것이고, 찰색이 달라지는 것을 뜻하는 게 아닐까?

건강한 사람은 몸을 의식하지 않는다

몸의 중심이 어디일까?

아픈 곳이 몸의 중심이다.

당신은 몸에 대해 의식하는가?

내가 생각하는 건강한 사람은 몸에 대해 의식하지 않는다.

지인들을 만나면 아무래도 나이가 있으니까 건강에 관련된 이야기를 가장 많이 한다. 대화하다 보면 늦은 나이에 운동의 중요성을 깨달은 경우가 많다. 건강과 운동은 떼려야 뗄 수 없는 관계라는 것을 더욱 실감한다.

그런데 운동해서 건강해지는 사람보다 부상당한 사람이 더 많다는 우스갯소리가 있다. 왜 그럴까? 운동을 공부하지 않았기 때문이다. 운동보다 중요한 것이 운동에 관한 지식이다. 그런데 많은 사람이 몸에 대한 지식이 없다. 근육의 세 종류를 알고 있느냐고 물어보면 거의 대답하지 못한다.

근육의 세 종류는 주도적으로 사용돼 가장 큰 힘을 발휘하는 '주동근', 주동근을 도와 보조로 활동하는 '협력근', 주동근에 대항해 반대로 활동하는 '길항근'이다. 미는 근육이 있으면 이를 도와주는 근육과 반대로 당기는 근육이 존재하는 것이다.

근육에도 용불용설이 작동한다. 쓰는 근육은 강해지고 쓰지

운동하다

않는 근육은 쇠퇴한다. 투수들이 그렇다. 그들은 계속 던진다. 당연히 던지는 근육은 강해지지만 쓰지 않는 근육은 약해진다. 그렇게 균형이 깨지면서 부상에 시달린다. 이를 방지하기 위해서는 반대 운동을 해주면 된다.

내가 생각하는 최고의 운동은 근육을 키우는 것이 아니라 늘여주는 것이다. 몸은 자꾸 굳기 때문에 적절하게 펴줘야 한다. 나는 헬스장에 가면 늘 30초씩 반복해서 철봉에 매달린다. 그 외에도 근육을 늘리는 운동을 많이 한다. 그래서인지 얼마 전 건강검진을 받았는데 키가 0.6센티미터 커져서 깜짝 놀랐다. 나이가 들며 키가 줄어드는 게 예사인데 신기한 마음에 트레이너에게 자랑 삼아 이야기했다. 그는 헬스장에 열심히 오는 사람은 대부분 몸을 펴는 운동을 반복하기 때문에 키가 큰다고 설명했다. 운동의 핵심은 거창하지 않다. 철봉에 매달려만 있어도 좋은 운동이 된다.

나는 발목에 있는 근육을 단련하는 운동도 중시한다. 정강이와 종아리 사이에 있는 근육을 '전경골근'이라고 부르는데, 나이 들수록 이 부위가 정말 중요하다. 아기들은 발목이 튼튼해 곧잘 깨금발로 뛰어다닌다. 하지만 노인이 되면 전경골근이 약해지면서 걸음걸이가 달라진다.

걸음걸이를 보면 그 사람 건강을 알 수 있다. 건강한 젊은이들은 사뿐사뿐 걷는다. 노인 중에는 발을 질질 끄는 사람이 많다. 그렇게 걸으면 넘어지기 십상이라 나이가 들수록 전경골근을 키우는 운동을 해야 한다. 아기들처럼 깨금발로 서보는 것도 효과적이다. 이것이 운동일까 싶지만 실제로 발목 힘을 단련해준다.

운동이라고 생각하지만 사실 별다른 효과가 없는 경우도 많고, 반대로 운동이라고 전혀 생각하지 못했지만 건강에 정말 도움이 되는 동작도 많다. 운동에 대한 새로운 인식이 필요하다.

청소년이나 직장인 중에 손목에 붕대를 감고 있는 경우가 많다. 장시간 휴대전화를 사용하거나 컴퓨터 작업을 반복해서 아래팔에 있는 근육인 '전완근'에 문제가 생긴 것이다. 전완근을 단련하기 위해 헬스장에 따로 갈 필요는 없다. 팔목을 쫙 편 상태에서 손을 폈다 접었다 하는 동작을 10번씩, 3세트 반복하는 것만으로도 충분히 운동 효과를 볼 수 있다.

운동에 앞서 몸을 이해하고, 공부하면 일상 속에서 얼마든지 건강을 찾는 습관을 가질 수 있다. 다른 사람과 똑같은 시간과 장소, 강도와 종류에 집착하는 운동보다 자기 몸에 대한 이해를 높이고 거기에 맞는 운동을 하는 것이 중요하다.

운동은 내 몸과의 대화이다

몸과 건강도 지식이 필요하다.

아는 만큼 보인다.

혈압이 대표적이다. 나는 태생적으로 혈압 수치가 높은 편이다. 28살 때 국비장학생으로 유학을 가느라 건강검진을 처음 받았는데, 당시 수축기 130, 이완기 80mmHg이었다. 30년이 훌쩍 넘은 지금은 그때보다 약간 높은 편이다.

나는 늘 혈압을 조심하라는 이야기를 들었기 때문에 한번은 실험을 해봤다. 식사를 많이 했을 때, 살이 쪘을 때, 몸무게가 변동됐을 때, 유산소 운동을 꾸준히 하거나 그렇지 않았을 때 아침, 저녁, 점심마다 혈압 수치를 측정했다.

내 몸을 상대로 실험한 결론은 이렇다. 겨울보다 여름에 혈압이 낮다. 몸무게가 무거운 것보다 줄이면 혈압은 떨어진다. 무엇보다 유산소 운동을 하면 혈압은 확 떨어진다. 건강은 측정할 수 있으면, 내 몸에 대한 지식을 알 수 있으면 얼마든지 개선할 수 있다.

내가 매일 측정하는 몇 가지가 있다.

첫째, 앞서 말한 혈압이다. 둘째, 체온이다. 체온이 1도 떨어질수록 암에 걸릴 확률이 몇 배 높아진다는 것은 상식이다. 체온을 높여야 한다. 셋째, 몸무게이다. 매일 몸무게를 확인하면 몸의 상태를 읽을 수 있고, 건강을 미리 대비할 수 있다.

건강에는 세 가지 상태가 있다고 한다.

첫째, 건강하다. 둘째, 아프다. 셋째, 건강과 아픈 것 중간 단계인 미병이다.

'미병(未病)'은 아직 병에 걸리지 않았지만 조만간 병에 걸릴 가능성이 높다는 것이다. 많은 사람이 미병 상태에 있다. 비만이고, 몇 계단만 올라가도 숨이 차고, 오랫동안 잠을 못 자고, 지나치게 혈압이 높은 사람은 바로 미병 상태에 놓여 있는 것이다. 시한폭탄과 같은 상태이다.

건강은 미병 상태일 때 조치를 취해야 한다. 식사량을 줄이고, 술과 담배를 끊고, 몸무게를 줄이고, 차를 버리고 운동을 하고, 매일 만 보 이상 걸어야 병을 미연에 방지할 수 있다. 그런데 실천하지 않는다. 그러다 일이 터지면 그제야 아차, 하고 후회한다. 몸이 고장 난 다음에는 이미 늦었다. 비용도 많이 들고 회복할 가능성도 줄어든다.

모든 일의 핵심은 바로 '인지'이다. 스스로 느끼는 것이다. 이 상태로는 안 되겠다는 것을 감지하는 것이다.

최근에 감각 훈련을 많이 한다. 나는 '감각(感覺)'이라는 단어가 참 좋다. 감각은 우리말로 느껴서 깨닫는다는 말이다. 담배를

"건강의 핵심은 인지이다.
스스로 느끼는 것이다.
이 상태로는 안 되겠다는 것을
감지하는 것이다."

한창 피울 때는 유산소 운동을 할 수 없었다. 제대로 뛸 수조차 없었다. 기침도 나고, 숨도 차고, 계속 가래가 올라오기 때문이다. 그때 스스로 느꼈다. 내가 내 몸을 너무 함부로 대했구나.

무릎도 그렇다. 무릎 주변 근육을 키우지 않으면 삐거덕삐거덕 소리가 난다. 소리, 감각이 내게 경보음을 보내는 것이다. 그러면 어떻게 해야 할까? 인지해야 한다. 지금 내 몸이 나에게 말을 걸고 있구나, "주인님, 이제 그만하세요. 뭔가 조치를 취하세요. 그렇지 않으면 내가 복수할 겁니다." 마지막 경고를 보낸다고 알아차리고 하루빨리 조치를 취하면 된다.

인지할 수 있으면 개선할 수 있다. 그런데 많은 사람이 인지하지 못한다. 마비된 상태로 살고 있다. 음주가 위험한 것은 건강에 나쁘기도 하지만 술을 먹으면 위가 마비돼 음식을 더 많이 먹기 때문이다.

모든 것이 그렇듯 몸도 문제가 생기기 전에 조치를 취해야 한다. 조치를 취하려면 깨어 있어야 한다. 깨어 있으려면 운동을 해야 한다.

내가 생각하는 운동의 재정의는 '몸과의 대화'이다. 운동하면 몸을 깨울 수 있다. 내 몸과 대화할 수 있다. 내 몸 어디가 건강하고 어디가 안 좋은지 알 수 있다.

"내 몸인데 내가 어떻게 하건 무슨 상관이야." 호언장담하는 사람이 있다. 절대 그렇지 않다. 내 몸은 내 것만이 아니다. 집안에서 누가 아프다고 생각해보라. 그 집 전체에 재앙이다. 아버지는 돌아가시기 전 몇 년 동안 여러 병으로 고생하셨다. 가장 큰 피해자는 어머니였다. 병원에서 계속 뒷바라지하느라 자기 몸 돌볼 겨를조차 없었다. 자식들도 마찬가지이다. 수시로 아버지 병원에 가서 병간호도 하고 수발을 들어야 했다.

가족 중 누군가 아프면 내 한 몸으로 그치는 것이 아니라 딸린 식구 모두 괴롭히는 행위가 된다. 그런 면에서 내 몸은 내 몸이 아니다. 내 몸은 가족의 공동 재산이다. 몸에서 일어나는 여러 현상을 조기에 발견해야 하고, 운동을 통해 경고를 미연에 방지해야 한다. 호미로 막을 수 있는 것을 가래로 막으면 안 된다.

따로 시간을 내서 운동하는 것도 중요하지만 생활 속에서 자연스럽게 운동을 하는 것이 최선이다. 가장 좋은 운동 수단은 계단 오르기이다. 나는 여의도에 위치한 쌍둥이 빌딩에 볼일이 많아 자주 그 동네에 가는데, 5호선 여의나루역을 좋아한다. 계단이 아주 높다. 그런데 출퇴근시간에 보면 계단을 오르는 사람은 몇 명 없다. 대부분 옆에 있는 에스컬레이터를 이용한다.

그 계단만 열심히 올라도 숨이 찬다. 운동이 된다. 그렇다고 더 느린 것도 아니다. 빨리 걸으면 에스컬레이터보다 빠르게 이동할 수 있다. 이렇게 쉽게 운동할 수 있는데 왜 시간이 없다고 불평하는지 이해하기 어렵다. 몸을 위한 가장 좋은 습관은 생활 속에서 운동을 통해 몸을 건강하게 만드는 것이다.

삶의 기본은 자기 관리이다

건강은 사실 타고난 부분도 많이 작용한다. 별다른 운동을 하지 않는데도 장수를 누리는 사람도 많다. 그런 사람들의 특징을 살펴보면 집안 내력 이외에도 잘 먹고, 잘 자고, 부지런하게 움직인다. 운동보다 생활 습관이 건강에 더욱 중요하고, 밑바탕이 된다.

요즘은 살기가 너무 편하다. 이것이 오히려 인간을 위협하고 있다. 편안함이 인간을 해치는 것이다. 나는 불편한 삶이 좋은 삶이라고 생각한다. 의도적으로 불편한 삶을 택하려고 노력한다. 몸을 고치면서 가장 먼저 했던 행동은 차를 버린 것이다. 사실 서울 같은 곳에서는 차가 필요 없다. 대중교통이 이렇게 잘되어 있는 동네에서 굳이 내 차를 끌고 다닐 필요가 없다. 오히려 주차하느라 스트레스를 받고 짐이 된다.

건강의 가장 큰 적인 비만도 마찬가지이다. 음식이 너무 풍부하고, 휴대전화만 있으면 문 앞까지 배달해준다. 편리한 세상이 오히려 건강을 망친다.

많은 사람이 살이 찌면 운동하겠다고 습관처럼 이야기한다. 나는 그 말을 들을 때마다 속으로 '저 사람은 살 빼긴 어렵겠구나.' 하고 생각한다. 운동으로 살을 빼는 것은 불가능에 가깝다.

살은 음식을 조절해서 빼야 한다. 살이 찐 것은 운동을 안 해서가 아니라 움직이는 것보다 많이 먹었기 때문이다. 인풋보다 아웃풋을 늘리면 된다. 아주 단순하다. 살을 빼기 위해서는 적게 먹는 것 외에는 방법이 없다.

내가 10년 정도 운동했다고 말했는데, 몸무게 변화는 거의 없다. 원래 72~73킬로그램 정도 나갔는데, 운동 초기에는 분하고 억울했다. 아무리 운동하고, 열심히 걸어 다녀도 몸무게는 요지부동이었다. 내 소원인 70킬로그램의 벽은 난공불락이었다. 그러다 방법을 바꿨다. 음식을 줄였다. 줄이겠다고 결심한 것은 아니고 소화력이 예전만 못하다는 것을 인지했기 때문이다.

예전보다 많이 먹은 것도 아닌데 속이 불편했다. 자주 체하고 많이 먹으면 트림이 계속됐다. 이대로 안 되겠다는 생각이 들었다. 적게 먹는 것이 편했다. 그래서 저녁을 굶거나 사과 반쪽 정도로 아주 가볍게 먹기 시작했다. 하루 두 끼를 먹어도 충분했다. 적게 먹으면서 몸무게가 줄기 시작했고 드디어 70킬로그램의 벽을 깼다. 정말 기뻤다. 허리둘레도 줄었다. 살만 빠지는 것

A Habit of Abandoning Regret

"편안함이
인간의 건강을 위협하고 있다.
불편하고, 부족한 삶이
몸을 이롭게 한다."

이 아니라 건강이 좋아지고 혈압도 떨어졌다. 살을 빼는 것은 운동이 아니고 음식이라는 사실을 10년 만에 깨달았다. 예전에는 배가 불러야 좋았는데 요즘에는 배가 고파야 기쁘다.

음식은 우리가 사는 삶과 세계의 문제를 반영한다

퀴즈를 하나 낸다.

당신은 언제 늙었다는 것을 느끼는가?

나는 '젊어 보인다는 이야기를 듣고 기뻐할 때'부터 늙기 시작한다고 생각한다.

젊었을 때 젊어 보인다는 이야기를 듣는 것은 그리 기쁘지 않다. 하지만 나이가 들수록 젊어 보인다는 이야기를 들으면 대부분 좋아한다. 그래서인지 요즘 '동안' 열풍이 거세다. 많은 사람이 젊어 보이기 위해 온갖 노력을 한다.

나 역시 마찬가지이다. 내 나이를 들은 대부분의 사람은 깜짝 놀란다. 이구동성으로 10년은 젊어 보인다는 이야기를 한다. 그런데 속으로는 젊어 보인다는 것이 무슨 의미일까 의문이 생긴다.

속이 늙었는데 젊어 보일 수 있을까? 불가능하다. 젊어 보인다는 말은 잘못된 말이라고 생각한다. '젊어 보인다.'는 말 대신 '젊다.'라는 말을 써야 한다고 생각한다. 으레 '젊음' 하면 나이를 생각한다. 나이가 어리면 젊고, 나이가 많으면 늙은 것이다. 물론 나이를 무시할 수는 없지만 나이와 젊음이 반드시 비례관계에 있는 것은 아니다. 나이는 젊지만 신체 연령은 훨씬 많을 수 있고, 나이는 많지만 신체가 청년보다 건강한 경우도 있다. 젊어 보인다는 것은 결국 젊다는 것이다.

사람들은 젊어 보이려고 영양제 섭취, 시술, 미용 등 온갖 수단을 동원한다. 너무 많은 처방이 있다. TV에서 전문가를 자처하는 사람들도 밀가루를 끊고 고기만 먹어야 한다, 물을 많이 마셔야 한다, 이렇게 운동해야 한다… 동안의 비결을 설파한다. 저마다 내세우는 의견이 달라 어지러울 지경이지만, 재론의 여지가 없는 이론이 하나 있다. 바로 칼로리 제한이다. 적게 먹어야 건강하고 젊어 보인다는 사실에 대해서는 모두 동의한다. 수많은 연구를 통해 검증된 사실이다.

노화 연구 전문가인 데이비드 A. 싱클레어(David A. Sinclair) 교수와 기자 출신의 작가 매슈 D. 러플랜트(Matthew D. Laplante)가 함께 쓴 《노화의 종말》은 음식을 절제해야 하는 이유와 폭식이 건강에 얼마나 치명적인지 다양한 사례를 통해 논리적으로 증명한다.

이를테면 100세 이상 장수하는 사람이 많은 일본 오키나와 아이들은 본토에 비해 열량 섭취가 2/3에 불과하다. 또한 주민 1/3의 평균수명이 아흔 이상인 그리스 이키리아 섬은 고령자가 대부분 그리스정교회 신자들인데, 이들은 한 해 중 절반 이상을 금식하라는 종교 일정을 따른다. 중국 바마 야오족 자지현 주민들도 비슷하다. 상당수가 아침을 거르고, 정오 무렵 첫 식사를 하고 저녁을 먹은 후 16시간 이상 아무것도 먹지 않는다. 줄곧 굶는 것이 아니라 일정 시간 허기지게 해서 생존 회로를 활성화시키는 것이다.

가난을 극복하는 것은 어렵지 않다. 열심히 살면 된다. 그런데 정말 어려운 것은 부를 극복하는 것이다. 요즘 사람들은 나쁜 음식을 지나치게 많이 먹는다. 건강에서 운동만큼 중요한 것이 음식이다.

'음식 문맹'이라는 말을 들어봤는가?

음식 문맹은 글자를 모르듯 어떤 음식이 좋은 음식이고 나쁜 음식인지, 무슨 음식을 먹어야 하고 먹지 말아야 하는지 이해가 부족한 사람이다. 꽤 많은 음식 문맹이 존재한다.

세계적인 경제학자이자 문명비평가인 제레미 리프킨(Jeremy Rifkin)을 좋아한다. 그가 쓴 책 중에 《육식의 종말》이 있다. 제목 그대로 고기를 먹지 말자는 내용이다. 여러 이유가 있다.

첫째, 육식이 지구 온난화를 가속화하기 때문이다.

소들이 내뿜는 메탄가스가 자동차 매연보다 나쁘다는 것은 널리 알려진 사실이다.

둘째, 육식은 동물을 잔인하게 대하기 때문이다.

사람들은 '꽃등심'을 최고의 음식 중 하나로 여긴다. 질기지 않고 입안에서 살살 녹기 때문이다. 그런데 꽃등심을 얻으려면 소를 자유롭게 풀어 키우면 안 된다. 소가 열심히 뛰어다니면 근육이 생겨서 고기가 질겨지기 때문이다. 그래서 소를 움직이지 못하게 목을 묶고 사료만 준다. 운동하지 못하면 면역력이 떨어지니까 항생제를 준다. 공장처럼 사료만 먹이고 항생제를 투여해 키운 그 소를 인간이 먹는 것이다.

어떤 사람은 이 시스템을 '카우슈비츠'라고 부른다. 소[Cow]와 아우슈비츠 수용소를 합성한 말이다. 고기를 안 먹을 수는 없다. 하지만 이 고기가 어떤 과정을 거쳐 나왔고, 정말 좋은 음식인지 인지하는 것은 반드시 필요하다.

다시 말해 음식은 절제하는 습관을 가져야 한다. 더 먹을 수 있지만 먹지 않는 것이 절제이다. 그리고 무엇을 먹느냐보다 얼마나 먹느냐, 어떤 식으로 먹느냐가 중요하다.

건강과 좋은 삶의 핵심, 수면의 조건

지금까지 건강한 삶을 위해 운동과 음식에 관한 습관을 재정의해보았다. 그런데 이 두 가지보다 중요한 건강의 기본 습관이 있다. 바로 잠, 수면이다.

나는 건강이 안 좋아 보이는 사람을 만나면 제일 먼저 수면에 대해 물어본다.

몇 시에 자서 몇 시에 일어나는가, 수면의 품질은 좋은가, 자는 도중 몇 번이나 깨는가?

생각보다 잠을 제대로 못 자는 사람이 제법 많다. 자는 도중 수시로 깨거나 아예 잠자리에 드는 것이 너무 힘들다고 하소연하는 사람도 많다. 특히 나이가 들거나 돈이 많거나 높은 자리에 있는 사람 중 수면의 질이 나쁜 사람이 많다.

'큰 부자' 중에는 불면증으로 고생하는 사람이 많다고 하는데, 이유는 걱정이 많기 때문이다. 천석꾼은 천 가지 걱정, 만석꾼은 만 가지 걱정이 있다는 속담이 괜한 말은 아니다.

건강에 있어서 수면은 결정적인 역할을 한다. 잠을 잘 자면 낮에 힘든 일이 있어도 극복할 수 있지만, 잠을 자지 못하면 온종일 악영향을 미친다. 어떤 사람은 잠자지 않고 일하는 것을 설거지에 비유했다. 잠자지 않고 이튿날 생활하는 것은 설거지하지 않은 그릇에 또다시 밥을 담아 먹는 것이나 마찬가지라는 것이다.

수면은 뇌를 깨끗하게 씻어주고, 기억을 재정리해주는 역할을 한다. 나 또한 손자들을 보면서 수면의 중요성을 새삼 느꼈다. 큰손자가 유치원을 다니면서 매일 반복하던 낮잠을 잘 수 없는 상태가 됐다. 그런데 아이가 오후 5시만 되면 칭얼거리고, 온갖 짜증을 부렸다. 잠을 자지 못했을 때 나타나는 자연스러운 현상이었다.

넷플릭스에 《베이비스: 눈부신 첫해》라는 다큐멘터리 프로그램이 있는데, 아기들을 대상으로 수면 실험을 하는 에피소드가 있다. 두 살짜리 아기 두 명에게 무언가를 보여준 다음 한 명은 중간에 낮잠을 자게 하고, 한 명은 계속 깨어 있게 했다. 결과는 어땠을까? 낮잠을 잔 아이는 이전에 했던 일을 모두 기억했지만 낮잠을 못 잔 아이는 아무것도 기억하지 못했다. 수면의 중요성은 아무리 강조해도 지나치지 않다.

내 어머니는 나보다 젊었을 때부터 수면 장애가 있었다. 그래서 '졸피뎀'이라는 수면제를 30년 이상 드셨다. 나는 옆에서 대수롭지 않게 생각했다. 그런데 어머니는 현재 경도성 치매 진단을 받고 약을 복용하고 계신다. 건강하던 어머니에게 왜 치매가 왔을까? 30년 동안 수면의 질이 나빴고, 수면제를 장기 복용한

"숙면은 열심히
산 사람에게 오는 선물이다.
제대로 자지 못하면
설거지하지 않은 그릇에
또다시 밥을 담는 것과 같다.
잠 또한 공부가,
노력이 필요하다."

것이 뇌에 나쁜 영향을 끼쳤다는 사실은 부인하기 어렵다. 수면 장애를 우습게 여기면 안 된다. 심각하게 받아들이고 미리 조치를 취해야 한다.

젊은 시절 나는 올빼미 체질이었다. 저녁이 되면 머리가 맑아지고 공부가 잘됐다. 지금은 완전히 달라졌다. 저녁 8시 반이면 잠자리에 든다. 가끔은 저녁 8시부터 잘 때도 많다. 저녁 8시에 자면 새벽 3시쯤 일어난다. 늦어도 새벽 4시에는 일어난다. 자명종에 의존하지 않고 일어나는데 그렇게 머리가 맑을 수 없다. 정말 개운하다.

현대인은 대부분 자명종에 의존해 잠을 깬다. 생체 리듬에 의해 일어나는 사람과 자명종에 의존해 일어나는 사람의 아침 컨디션은 차이가 날 수밖에 없다. 한 사람은 일어나고 싶을 때 일어나는 것이고, 또 다른 사람은 일어나고 싶지 않은데 억지로 일어나는 것이다. 어느 쪽이 건강에 좋을지는 자명하다.

그런데 왜 잠을 못 잘까?

잠을 잘 자려면 어떻게 해야 할까?

잘 살아야 잘 죽을 수 있다. 잠도 그렇다. 낮에 열심히 살아야 밤에 제대로 잘 수 있다. 나이가 들면 잠이 안 온다는 것도 하루 동안 젊은 시절만큼 치열하게 살지 않기 때문이라고 생각한다. 은퇴 후 마땅한 일이 없어 온종일 TV를 보고, 낮잠을 자면서 어영부영 하루를 보내니까 잠이 오지 않는 게 아닐까.

치열하게 살면 그 대가로 숙면이 찾아온다. 숙면은 열심히 산 사람에게 오는 선물이다. 노력 없이 되는 일은 없다. 숙면 또한 노력해야 한다. 그 사실을 인식해야 한다.

잠을 잘 자기 위해서는 세 가지 측면을 생각해야 한다.

첫째, 육체적인 활동이 많아야 한다.

불면의 가장 큰 원인은 활동량 부족이다. 온종일 의자에 앉아 있거나 세 걸음 이상은 차를 타고 움직이면서 숙면을 기대하면 안 된다. 운동량보다 더 중요한 것이 활동량이다. 몸이 지치게 만들어야 한다. 잠이 안 온다는 것은 바꾸어 이야기하면 몸이 힘들지 않고 지치지 않았다는 뜻이다. 혹독한 유격훈련 중에는 비가 오는데도 잠이 왔다. 몸이 너무 힘들었기 때문이다.

자꾸 움직여야 한다. 몸을 굴려야 한다. 몸을 혹독하게 다루어야 한다. 차를 타는 대신 웬만한 곳은 다 걸어 다녀야 한다. 엘리베이터나 에스컬레이터 대신 계단으로 올라가야 한다. 집에서도 소파에 앉는 대신 일어나서 걸어 다녀야 한다. 청소도 직접 하고, 설거지도 하고, 쓰레기도 내다버리면서 자꾸 몸을 움직여야 한다. 배달음식을 시켜먹는 대신 걸어가서 직접 그곳에서 먹어야 한다. 환경도 좋아지고 건강도 좋아진다. 적어도 하루 만 보 이상은 걸어야 한다. 생활 습관 속에서 운동량이 아닌 활동량을 늘이는 것이 무엇보다 중요하다.

둘째, 대인관계를 활발하게 해야 한다.

면벽 수도하는 사람에게 잠이 올까? 나는 온종일 혼자 지내면서 말 한마디 하지 않는 경험이 별로 없어 장담할 수 없지만 잠이 잘 올 것 같지 않다. '자연인'을 다룬 프로그램을 봐도 그들이 숙면을 취하는지 궁금하다. 산에서 혼자 지내니까 활동량은 많겠지만 대인관계가 전무한데 제대로 잠잘 수 있는지 알고 싶다.

나는 새벽에는 글을 쓰지만 낮 동안에는 주로 사람들을 만나고, 독서토론회를 진행한다. 낯선 사람과 대화를 많이 나눌 수밖에 없다. 강연에서 질문에 대답해야 하고, 글쓰기 학교에서 글과 말로 수많은 의견을 교환해야 한다. 그들과 몇 시간 이야기 나누고 돌아오면 파김치가 돼서 아무것도 할 수 없다. 잠시 낮잠이라도 자야 한다. 그만큼 에너지 소모가 큰 것이다. 대인관계가 활발해야 잠이 잘 오는 것은 확실하다.

셋째, 뇌를 많이 써야 한다.

몸을 움직이고 사람들과 대화를 많이 하는 것만으로는 부족하다. 치열하게 머리를 써야 한다. 이것을 걱정과 혼동하면 안 된다. 걱정은 뇌를 쓰는 것이 아니다. 새로운 분야를 공부하는 것, 책을 읽는 것, 어려운 문제에 도전하는 것 등이 뇌를 쓰는 것이다. 그중 최고의 뇌 쓰기는 바로 글쓰기이다. 새벽마다 글을 쓰는데 '머리에서 불이 난다.'는 표현이 정확하다. 어느 시점에서는 머리가 뜨거워 더 이상 아무것도 할 수 없는 상태가 된다.

이 세 가지가 맞아떨어질 때 숙면이라는 선물이 온다.

잠은 치열하게 열심히 산 사람에게 오는 선물이다. 이 사실을 기억해야 한다. 잠잘 시간이 됐는데 졸리지 않다는 것은 그 자체로 비극이다. 식사도 마찬가지이다. 끼니때가 찾아왔는데 아무 허기도 느끼지 못하는 것 역시 비극이다. 허기와 졸음 모두 귀한 선물이다.

잠이 오지 않을 때는 왜 뒤치고, 멀뚱하게 시간을 보내는지 치밀하게 고민해야 한다. 퇴직한 지인 중에 불면에 시달리는 경우가 많은데, 이유는 평생 강도 높게 일하다 갑자기 일이 사라져버렸기 때문이다. 아침부터 늦은 밤까지 마라톤 회의를 하고, 수십 명의 고객을 만나 의사 결정하던 사람이 머리 쓸 일도 없고, 대인관계의 폭도 줄면서 자연스레 활동량이 감소한 것이다. 그렇다고 새로운 공부를 하는 것도 엄두가 나지 않는다. 숙면의 세 가지 조건인 활동, 대인관계, 뇌 쓰기를 모두 안 하게 된다. 당연히 잠이 안 오고, 걱정이 늘면서 자주 깨고 한 번 깨면 잠이 오지 않는 것이다.

불면증을 어느 정도 극복한 지인의 방법을 추천하고 싶다.

그는 나와 같은 공학 박사 출신인데, 자신의 수면에 관한 데이터를 모아 측정한 것이다. 측정할 수 있으면 개선할 수 있다는 사실에 착안한 것이다. 그는 매일 아침 수면과 관련한 기록을 도표화했다. 이를테면 '827' 이런 식이다. 맨 앞의 숫자는 총 수면 시간이다. 8은 8시간을 잤다는 의미이다. 2는 자다 깬 횟수이다. 마지막 7은 잠의 품질이다. 완전히 숙면을 취한 것은 9점이고, 자기는 했지만 품질이 아주 낮은 경우는 2점인데, 7은 괜찮은 편이다. 한마디로 총 수면 시간은 8시간, 2번 깼고, 괜찮은 수면 품질을 유지했다는 기록이다. 그는 매일 이런 식으로 수면을 측정하면서 스스로 터득했다. 골프 치기 전날, 손흥민 축구 경기가 있는 날, 낮잠 잔 날은 잠을 설쳤고, 반대로 활동량이 많고, 대인관계가 활발한 날은 잠을 푹 잤다는 결론에 도달한 것이다.

현재 당신의 건강 상태는 10점 만점에 몇 점쯤 되는가?

개선하고 싶다면 가장 먼저 자신의 수면 점수를 매겨보고 하루의 습관을 계획해야 한다. 잠을 푹 자면 전날 아무리 일을 많이 했어도 상쾌하다. 반대로 잠을 제대로 자지 못하면 피로가 남아 있다. 《스탠퍼드식 최고의 피로회복법》에는 '피로'를 "뇌가 하는 지시를 몸이 따르지 않는 것"이라고 정의한다. 한마디로 몸이 말을 듣지 않는 것이 피로이다. 어른들이 자주 "몸이 예전 같지 않아서 말을 듣지 않는다."고 말하는데 그것이 바로 피로의 정의이다.

누구나 일을 하면 피로하지만 수면의 품질이 좋으면 쉽게 회복할 수 있고, 그렇지 않으면 항상 피로에 찌들어 살 수밖에 없다. 수면 부족 상태는 낮은 온도로 냄비 물을 끓이는 것과 같다. 낮은 온도로 물을 끓이는 것은 어렵다. 하지만 숙면을 취하면 높은 온도로 짧은 시간에 냄비 물을 끓일 수 있다.

◆ ◆ ◆ ◆ ◆

건강을 위한 습관은 운동, 음식, 수면에 달려 있다.

나는 운동을 하는 것보다 운동하지 않는 것이 훨씬 힘들다. 코로나-19가 심할 때 한 달 정도 모든 헬스장이 휴업한 적이 있는데, 그때 무척 힘들었다.

많은 사람이 요즘도 운동을 하느냐고 물어본다. 너무 빤한 질문에 나는 거꾸로 "요즘도 식사하십니까?" 하고 되묻는다. 나한테 운동은 호흡과 같다. 양치질하고 식사하는 것과 같다.

건강은 운동처럼 결심해야 하는 습관도 중요하지만 식사와 수면처럼 일상 속에서 호흡하듯 반복하는 생활 습관이 더욱 중요하다.

코로나-19가 우리에게 빼앗은 것도 많지만 준 것도 많다고 생각한다. 가장 큰 것은 핑곗거리이다. 모든 문제의 원인을 코

"가난을 극복하는 것은
어렵지 않다.
열심히 살면 된다.
정말 어려운 것은
부를 극복하는 것이다."

로나-19에게 돌리면서 마음의 평화를 찾을 수 있었다. 살찐 것도, 업무가 힘든 것도, 가족관계가 나쁜 것도 코로나-19 탓으로 돌리면서 무엇보다 건강의 습관을 외면할 수 있었다.

건강과 관련해서 가장 강조하고 싶은 것은 습관의 습관, 꾸준함이다. 아리스토텔레스는 우수함의 정의를 꾸준함으로 이야기했다. 하다 말다 '꾸준하게' 반복하는 '작심삼일'은 우수할 수 없다는 것이다.

내가 다니는 헬스장은 회원이 제법 많다. 나는 10년 동안 일주일에 서너 번 꾸준히 다니고 있다. 그런데 회원 중에는 꾸준히 다니는 사람보다 하다 말다 반복하는 사람이 더 많다. 특히 다이어트를 하겠다고 등록한 한 회원은 두세 달 누구보다 열심히 운동하다 어느 정도 목표에 도달하면 그만두고, 이듬해 예전 상태로 돌아갔다면서 후회하고 또다시 운동하는 패턴을 반복했다.

건강의 핵심은 좋은 습관이다. 좋은 습관을 반복하면 나도 모르는 사이에 건강해진다.

아무리 운동을 열심히 하고, 온갖 좋은 음식을 먹어도 생활 습관이 나쁘면 건강하기 힘들다. 건강의 습관은 몸으로 나타난다. 앞서 몸은 그 사람 인생의 이력서여서 그 사람이 어떻게 살아왔는지 볼 수 있다고 말했다.

나는 대통령이나 국회의원 선거할 때 후보자가 지난 5년 동안 몸무게가 어떻게 변화했는지 밝혔으면 좋겠다. 자기 몸무게 하나 조절하지 못하는데, 수많은 사람들의 일상을 책임지는 단체의 장이 될 수 있을까.

건강한 습관을 가지기 위해서는 간절함이 필요하다. 내 몸은 의사가 아니라 내가 지키겠다는 간절함이 있어야 한다. 변화에 따르는 고통을 극복해야 한다. 고통 없이 원하는 것을 얻을 수는 없다.

그리고 절제할 수 있어야 한다. 내가 생각하는 절제의 정의는 할 수 있지만 하지 않는 것이다. 먹을 수 있지만 먹지 않고, 차를 탈 수 있지만 걷고, 앉을 수 있지만 일어나는 것이다.

이 사실을 염두에 두고 생활해보라. 보이지 않던 길이 열리고, 몰랐던 풍경을 발견하고, 새로운 사람을 만나고, 무엇보다 나날이 건강해지는 자기 자신을 발견할 것이다.

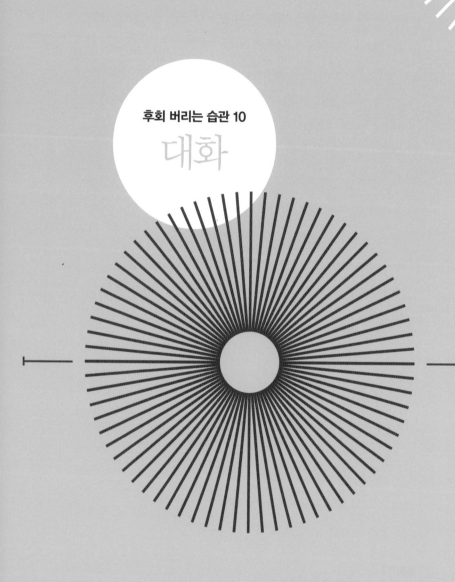

후회 버리는 습관 10

대화

말하다

언어가 바로 그 사람이다

사람들은 누구나 말실수를 한다.

어떤 정치인이 비하 발언 후 실수였다면서 물의를 빚어 죄송하다고 사과한다. 주변만 살펴봐도 말로 인한 오해와 갈등이 심심찮게 일어난다.

말실수란 무엇일까?

당신은 말실수에 대해 어떻게 생각하는가?

나는 말실수는 존재하지 않는다고 생각한다. 평소 그런 생각을 가지고 있다가 술김에 혹은 부지불식중에 그 생각이 말로 삐져나온 것이다.

말은 곧 그 사람이다.

말은 곧 그 사람의 생각이다.

말은 생각 그 자체이다

당신의 첫 기억은 무엇인가?

혹시 어머니 품에서 처음 나왔던 장면을 기억하는 사람이 있는가?

아마 없을 것이다. 사람의 첫 기억은 보통 네다섯 살에 시작된다고 한다. 나도 네 살 때 어머니가 동생을 낳는 장면이 첫 기억이다.

왜 이전 시간은 기억하지 못하는 것일까?

말을 모르기 때문이다. 말을 모르면 생각할 수 없다. 우리는 말로 생각하기 때문이다.

말은 단순한 소통 수단이 아니다. 말은 생각 그 자체이다. 생각 그 자체가 말이다. 말이 바로 그 사람이다. 말하는 것을 보면 그 사람이 어떤 사람인지 알 수 있다.

직업 중 하나가 강연이다 보니 남들보다 말에 대해 예민한 편이다. 다른 사람의 말을 들으면서 혼자 상상을 많이 한다.

생각보다 많은 사람이 강연에서 쓸데없는 말을 많이 한다. 이를테면 어떤 강연자는 "제가 이런 말할 자격은 없지만…." 허두를 붙인 다음 이야기를 시작한다. 나는 의아하다. 말할 자격이 없으면 처음부터 그 자리에 나오지 말았어야 한다. 자격조차 없는 강연을 들어야 하는 청중은 무슨 잘못이란 말인가. 그것은 겸손도, 자기소개도 아닌 군더더기이다.

"말은 생각 그 자체이다.
생각 그 자체가 말이다.
말이 바로 그 사람이다."

어떤 사람은 입만 열었다 하면 "솔직히 말해서…"를 반복한다. 한두 번은 넘어갈 수 있지만 자꾸 반복되면 나도 모르게 그 사람 말을 의심하게 된다. 나머지는 다 솔직하지 않은 것인가? 왜 그런 말을 하는 것일까? 솔직함을 강조하는 것일까, 아니면 본론을 이야기하기 싫으니까 에둘러 쓰는 말일까? 본인이 그런 말을 자주 한다는 사실을 인지하고 있을까? 의심이 꼬리에 꼬리를 물어 정작 그 사람 이야기에 집중할 수 없다.

"앞에서 말했다시피…." 혹은 "나중에 말하겠지만…." 같은 말을 많이 하는 사람도 있다. 한두 번은 문제되지 않지만 자꾸 반복하면 신뢰가 줄어든다. 앞에서 한 말이면 상대가 알아서 생각하면 되고, 나중에 말할 것이면 그냥 나중에 말하면 된다. 다 쓸데없는 곁말이다.

내가 생각하는 말은 자동차 핸들이다.

내가 왼쪽으로 핸들을 돌리면 왼쪽으로 가고, 오른쪽으로 틀면 오른쪽으로 간다.

말이 바로 그렇다. '말이 씨가 된다.'라는 속담이 있다. 정말 진리라고 생각한다. 우리가 뱉은 말은 결국 나중에 이루어진다. 뱉은 말대로 세상은 돌아간다. 그런 면에서 말은 잘 가려서 써야 한다. 함부로 아무 생각 없이 말하는 것은 위험하다.

부모가 자식에게 내뱉는 말, 선생님이 아이들에게 사용하는 말은 아무리 조심해도 지나치지 않다. 자식에게 '빌어먹을 놈'이라고 반복하면 결국 그 자식은 빌어먹으면서 살게 된다. 그것을 원하는 부모는 없을 것이다.

잘살고 싶다면 먼저 자신이 무슨 말을 쓰는지 점검해야 한다. 나쁜 말을 골라서 버리고, 대신 좋은 말로 대체하는 습관을 가져야 한다.

언어가 사람을 움직인다

내 경우는 절대 쓰지 않는 말이 있다. "죽겠다."는 말이다. 힘들어 죽겠다, 피곤해 죽겠다, 짜증나 죽겠다 같은 말이 그것이다. 뇌는 실제와 상상을 구분하지 못한다고 한다. 아무 생각 없이 내뱉은 이야기를 뇌는 진실로 받아들인다는 것이다. 그래서 나쁜 말 대신 '자성예언'을 하려고 노력한다.

자성예언이란 '미리 일어날 일을 예언하는 것'이다. 자성예언은 인간관계에도 얼마든지 활용할 수 있다. 직급이 과장인 사람에게 부장이라고 부르는 것이다. 아직 과장이지만 조만간 부장이 될 것이라는 자성예언이다.

'예축((豫祝)'이라는 말이 있다. 미리 축하하는 것을 뜻하는 말로 결혼한 부부나 아이를 낳은 부모에게 축하를 건넬 때 쓰는 단어이다. 자성예언과 같은 말이다. 자식은 부모가 하는 말을 듣고 자란다. 부모의 예언이 자식에게 나침반이 되는 것이다. 그것이 바로 말의 힘이다.

제너럴 일렉트릭(GE)의 잭 웰치(Jack Welch) 회장이 그렇다. 그는 20세기 가장 위대한 경영자로 꼽히는 인물이다. 그런데 이 사람은 말이 빠르고, 어렸을 때는 말을 더듬었다. 만일 당신이 엄마이고 자식이 말을 더듬으면 어떻게 이야기하겠는가? 더듬지 말라고 야단치기 십상이다. 그런데 잭 웰치 엄마는 달랐다. 그녀는 잔소리 대신 이렇게 이야기했다.

"네가 말을 더듬는 건 네 머리가 너무 빨라 네 입이 쫓아가지 못하는 거야. 너는 머리가 좋은 사람이니까 잘될 거야."

결국 엄마의 예언대로 잭 웰치는 위대한 경영자가 된다. 인생은 주어진 현실보다 해석이 훨씬 중요하다. 말을 더듬는 아들에게 나무라는 엄마와 머리가 좋아 말이 쫓아오지 못한다고 이야기하는 엄마는 완전히 다른 의미를 생산한다.

호칭도 중요하다. 독일에서는 '바보' 혹은 느린 아이를 '츠바이슈타인(Zweistein)'이라고 부른다. '츠바이'는 쌍둥이라는 뜻이고, 슈타인은 천재 이론물리학자 '아인슈타인' 이름에서 나왔다. 네가 아인슈타인과 쌍둥이라는 의미이다. 아인슈타인은 어렸을 때 굼뜨고 말도 어눌했다. 조금 모자란 아이에게 '바보'라고 부르는 것과 '아인슈타인과 쌍둥이'라고 부르는 것은 엄연히 다르다.

이것이 언어의 힘이다. 언어가 사람을 움직인다. 삶을 바꾸고 싶을 때는 당신이 자주 쓰는 언어를 모두 되짚어보라. 쓰지 말아야 할 단어를 버리고, 쓰고 싶은 단어를 직접 발음해보라.

초대받지 않은 충고는 적이 되는 지름길

대화란 무엇일까?

소통에서는 수신기와 송신기가 다 필요하다. 그런데 어떤 사람은 수신 기능이 없고 송신 기능만 있다. 나이가 들고 직급이 올라가면 대부분 귀는 막고 입을 연다. 사람들이 제일 싫어하는 대상이다.

로버트 드니로가 주연으로 나오는 《인턴》이라는 영화는 자기보다 쉰 살가량 어린 여성 대표를 보필하는 늙은 인턴의 이야기이다. 일흔 살 인턴은 함부로 끼어들지 않는다. 당사자가 조언을 구할 때만 신중에 신중을 기해 의견을 내비친다. 말은 적게 하지만 굉장히 열심히 듣는다.

대화는 최고의 능력 중 하나이다. 그런데 대화의 핵심은 열심히 듣는 것이다. 좋은 질문을 하고, 상대가 필요할 때만 조언하는 것이다.

대화할 때 절대 해서는 안 되는 행동이 있다. 바로 '충조평판'이다. 충고, 조언, 평가, 판단의 줄인 말이다.

세상에서 가장 쉬운 일이 충고이다. 누구나 할 수 있지만 함부로 하면 가장 위험한 것이 충고이다. '초대받지 않은 충고는 적이 되는 지름길'이라는 서양 격언이 있다. 가족과 친구에게 무심코 결혼해라, 자녀가 필요하다, 열심히 살아라… 충고하지 않아야 한다. 누구나 저마다 사정이 있고, 입장을 반대로 생각하면 그 충고가 얼마나 큰 상처로 돌변할 수 있는지 충분히 헤아릴 수 있다.

함부로 조언해서도 안 된다. 자칫하면 상대와 적이 될 수 있다.

판단은 위험하다. 우리는 본능적으로 판단한다. 상대가 어떤 상황인지도 모르는 상태에서 미루어 짐작한다. 나 역시 이런 경험을 몇 번 했다. 한 번은 모 은행 창구에서 근무하는 직원 60명 정도에게 강의하는데, 한 여직원이 강의는 듣는 둥 마는 둥 하고 계속 문자메시지만 보내는 것이었다. 내심 눈에 거슬려 강의 중간에 질문을 던지고 어떻게 생각하는지 물어봤다. 그런데 여직원 얼굴이 벌게지면서 금세 울음을 터뜨리려고 했다. 나는 당황

"대화는 모닥불이다.

누군가 계속해서

장작을 집어넣어야

모닥불이 탄다.

불씨가 꺼지지 않는다."

해 자초지종을 물었다. 사실 여직원은 아이가 갑자기 아프다는 이모의 연락을 받고 어느 병원에 보내야 하는지 알아보느라 경황이 없어 강의에 몰입하지 못한 것이었다. 그 이야기를 듣는 순간 쥐구멍에라도 들어가고 싶었다. 상대 사정을 헤아릴 노력조차 하지 않고, 함부로 판단한 내 자신이 너무 한심했다. 그런 사례는 차고도 넘친다.

스티븐 코비도 대형 강연 중 비슷한 경험을 했다고 한다. 강의장 구석에 중년의 동양 남성과 젊은 서양 여성이 계속 잡담하고 있었다. 스티븐 코비는 그 모습이 너무 거슬려 강연이 끝난 다음 무슨 일인지 확인하려고 그쪽으로 가봤다. 결과는 무엇일까? 두 사람은 일본 사업가와 동시통역사였던 것이다. 강의를 열심히 듣고 동시통역을 한 것이다.

함부로 판단하기 전에 상황을 폭넓게 해석하는 여유가 필요하다. 그것은 말하기 전에 듣고, 대답하기 전에 좋은 질문을 헤아릴 수 있는 말, 대화의 습관을 통해 비로소 시작될 수 있다.

◆ ◆ ◆ ◆ ◆

가장 좋은 대화는 무엇일까?
품질이 좋지 않은 대화는 무엇일까?

후회 버리는 습관 10

남에 대한 뒷말, 현실과 상관없는 가십에 대해 웃고 떠드는 것은 바람직한 대화가 아니다.

가장 좋은 대화는 너와 나에 대한 이야기이다.

나는 너를 이렇게 생각하는데 너는 나를 어떻게 생각하니?

나는 너에 대해서 이런 것이 궁금한데, 너는 어떻게 생각하니?

대화는 모닥불과 같다.

누군가 계속해서 장작을 집어넣어야 모닥불이 탄다. 불씨가 꺼지지 않는다. 누군가 이야기를 꺼냈을 때 나도 보탤 수 있어야 한다. 누가 어떤 책이나 영화를 주제로 이야기할 때 내가 응수할 수 있어야 대화에 불이 붙는다. 내가 장작을 얹지 못하면 이내 불씨는 사그라진다.

대화 역시 끊임없이 공부하는 습관이 필요한 까닭이다.

성공은 좋은 습관의 반복에서 온다

생각이 행동을 낳고, 행동이 습관을 만든다.

그 사람이 가진 습관이 그 사람의 인생을 만든다.

그런데 빠진 것이 있다. 어떻게 좋은 생각을 할 것이냐 하는 것이다.

독서는 좋은 생각을 하기 위한 원자재와 같다.

원자재가 공급돼야 인생이 원활하게 생산적으로 변화할 수 있다.

◆ ● ◆ ● ◆

삶에서 가장 중요한 것은 만남이다.

법정 스님은 만남을 '눈뜸'으로 정의했다.

만남은 눈이 반짝 떠지는 것과 같다.

오랫동안 감은 것과 다름없는 정신이 맑아지면서 생각과 관계의 새로운 전환을 일깨운다.

안타깝게도 대부분의 만남은 눈뜸이 아니라 눈감음이다.

우리가 습관처럼 만나는 사람과 나누는 대화는 빤하고, 낡은 생각의 외투를 벗지 못한 채 희미한 눈빛으로 똑같은 오늘을 반복한다.

어떻게 하면 눈이 반짝 떠지는 만남을 가질 수 있을까?

물리적인 만남은 제한이 있다. 그런데 독서는 다르다. 독서를 통해 수천 년 전 사람을 만날 수 있다. 멀리 외국에 사는 사람도 만날 수 있다. 현실에서는 도저히 만날 수 없는 사람도 책을 통해 만날 수 있다.

독서뿐만 아니라 운동도 머리를 맑게 한다. 제대로 된 생각을 하게 한다. 몸과 머리가 무거우면 올바른 생각을 할 수 없다. 운동은 머리를 맑게 하는 도구이다.

◆ ● ◆ ● ◆

질문은 안 쓰는 뇌를 사용하게 한다.

피터 드러커에게 가장 큰 영향을 준 것은 바로 질문이다. 중학교 2학년 담임이었던 필리글라 신부는 그를 비롯해 같은 반 아이들에게 이런 질문을 던졌다.

"너희가 예순 살이 됐을 때 주변 사람으로부터 어떤 이야기를 듣고 싶으냐?"

40년이 흘러 모임을 가졌을 때 쉰을 훌쩍 넘긴 아이들은 모두 그 질문을 기억하고 있었다. 피터 드러커 또한 신부의 그 질문이 오늘날의 내 인생을 만들었다고 이야기한다. 그것이 질문의 힘이다.

비즈니스도 그런 것 같다. 질문이 중요하다. 예를 들면 이런 질문이다. 지금은 당연하지만 미래에는 당연하지 않은 것, 지금은 쓰지 않지만 미래에는 쓸 수밖에 없는 것 중에 성공의 열쇠가 있다.

질문은 안 쓰던 뇌를 쓰게 한다. 시간을 앞당기고, 공간을 바꾸게 한다.

어쩌면 습관은 어제의 후회스러운 나와 헤어지고, 또 다른 내일의 나에게 건네는 질문일지 모르겠다.

좋은 습관을 모르는 사람은 없다.

문제는 실천하지 않는 것이다. 내가 생각하는 실천의 정의는 시작이다. 시작이 가장 중요하다. 실천의 반대말은 다음으로, 내일로 미루는 것이다.

후회 버리는 열 가지 습관을 통해 하고 싶은 말은 이것이다.

좋은 습관을 어떻게 만들어 내 삶에 생활로 굳힐 것이냐 하는 것이다.

한마디로 '수신제가 치국평천하(修身齊家 治國平天下)'이다. 내 몸과 마음을 갈고닦고, 가족을 비롯해 가까운 사람에게 정성을 다하고, 나아가 내 삶을 성공으로 이끄는 것이다.

성공하는 사람의 습관도 대부분 이러한 세 단계의 유형을 따른다. 읽고 쓰고 생각하면서 인생의 시간과 방향의 나침반을 파악하고 내 안의 힘을 기르는 자기 관리가 첫 번째 단계이고, 가깝고 소중한 존재를 먼저 챙기고 경청하고 행동하는 것이 두 번째 단계이며, 삶이 녹슬지 않도록 꾸준히 몸을 돌보고 정신을 맑게 유지하며 말과 생각을 끊임없이 벼리는 것이 세 번째 단계이다.

'후회 버리는 습관'은 생각을 명료하게 할 수 있다. 초점이 잘 맞춰진 안경으로 세상을 보는 것과 같다. 뿌연 안경을 쓰고도 대충 세상은 볼 수 있다. 하지만 초점이 명료하게 맞는 안경으로 세상을 보면서 살아가는 것과 뿌연 간유리를 통해서 세상을 사는 것은 완전 다르다. 그런 면에서 후회 버리는 습관은 생각을 명료하게 하는 안경과 같다.

◆ ◆ ◆ ◆ ◆

내가 생각하는 기적은 바로 좋은 습관을 꾸준히 실천한 결과물이다.

엔지니어였던 나는 지난 20년 동안 책을 40권 정도 썼다. 남들보다 바쁘게 살거나 특별히 노력한 것도 없다. 유일하게 반복한 습관은 새벽마다 일어나 서너 시간씩 매일 글을 쓰면서 똑같은 생활을 한 것뿐이다.

결국 성공이나 성장은 좋은 습관의 반복에서 온다.

다행스러운 것은 습관은 늘 현재형이라는 것이다.

지금 당신이 시작하는 순간, 모든 삶은 습관으로 변화할 수 있다.

늘 내일만 다짐하며 후회하기를 반복했던 모두에게 오늘은 열려 있다.

당신이 후회를 버리고 삶의 방향을 설정하고, 시간을 관리하며 읽고, 쓰고, 생각하고, 타인의 이야기에 귀 기울이며 생활의 나쁜 군더더기를 떨쳐내려고 노력하는 순간 삶의 기적은 이미 시작되는 것이다.

에필로그

EBS 클래스ⓔ 시리즈 32

후회 버리는 습관
인생을 다시 쓰는 루틴의 기적

1판 1쇄 발행 2022년 8월 31일
1판 2쇄 발행 2023년 1월 5일

지은이 한근태

펴낸이 김유열
지식콘텐츠센터장 이주희 | 지식출판부장 박혜숙
지식출판부·기획 장효순, 최재진 | 마케팅 최은영, 이정호 |
북매니저 이민애, 김희선, 윤정아 | 제작 윤석원

책임편집 임수현 | 디자인 co*kkiri | 인쇄 우진코니티

펴낸곳 한국교육방송공사(EBS)
출판신고 2001년 1월 8일 제2017-000193호
주소 경기도 고양시 일산동구 한류월드로 281
대표전화 1588-1580 홈페이지 www.ebs.co.kr
전자우편 ebs_books@ebs.co.kr

ISBN 978-89-547-6834-4 04300
     978-89-547-5388-3(세트)

ⓒ 한근태 2022